××××××× 한 땀 한 땀 놓을 때마다 행복해지는 프랑스 자수 ×××××××

나의 첫 놀이동산 자수

수노리 스튜디오 **강미연** 지음

Prologue

다양한 자수 작품들을 보며 막연히 '멋있다'는 생각만 하던 시절이 있었습니다.
바느질이 서툰 저에게 자수는 쉽게 접할 수 없는 것이었습니다.
그러다가 단 한 번 냈던 용기로 시작한 자수가 지금의 수노리 스튜디오를 만들었습니다.

'실을 고를 때의 설렘, 한 땀 한 땀 만들어가는 즐거움, 멋진 작품으로 완성되었을 때의 성취감'
이 모든 것이 제가 자수를 계속할 수 있었던 이유입니다.

프랑스 자수를 처음 접하신다면 그때의 저와 같이 용기를 한 번 내보시는 게 어떨까요?

프랑스 자수는 같은 도안에 같은 색의 실을 사용해도
수를 놓는 사람에 따라 저마다의 개성을 지닌 작품으로 탄생합니다.
자수가 처음이라 실수하거나 틀릴까 걱정하지 마세요. 자수에서 틀린 것은 없습니다.
개개인마다의 손 느낌이 조금 다른 것뿐입니다. 삐뚤어도 책에 실린 도안과 달라도 모두 좋습니다.
그 자수 역시 그 나름의 매력을 가진 작품이니까요.
세상에 하나밖에 없는 나만의 작품을 이 책을 통해 함께 만들어갔으면 합니다.

이번에 선보이는 『나의 첫 놀이동산 자수』는 프랑스 자수로 수놓아 만든 작은 놀이동산입니다.
귀여운 동물들과 아기자기한 놀이기구, 꽃 향기 가득한 정원이 있는 천 위의 행복한 공간이지요.
이 수노리랜드에서 바늘과 실로 하는 신나고 즐거운 소풍을 함께하고 싶습니다.

프랑스 자수가 처음이신 분들도 익숙하신 분들도
모두 이 책을 통해 즐거운 자수 시간을 보내시길 바랍니다.

강미연

나의 첫 놀이동산 자수 책 활용법

책을 100% 활용할 수 있는 방법을 알려 드립니다.
책의 구성요소를 미리 확인해두면 더 활용도가 높아져요.

자수를 처음 시작하는 사람도 쉽게 자수의 기초를 이해할 수 있어요.

자수를 하기 전 꼭 알아야 할 자수 용어부터 자수 마무리 방법까지 알차게 담았어요.
프랑스 자수를 처음 시작하는 초보자도 자수에 쉽게 도전할 수 있어요.

33가지 스티치로 자수의 기본을 더 탄탄하게 만들 수 있어요.

이 책에서 사용하는 33개의 스티치를 자세히 보여줘요. 스티치에 대한 기본 설명과
하나의 스티치로 완성할 수 있는 One stitch 작품 12개를 실어 스티치에 대한 이해를 높였어요.

29가지 실제 도안을 별책부록으로 구성했어요.

본문에서는 자수 스티치와 실의 색상을 잘 볼 수 있도록 도안 미리보기로 도안을 분리하고,
책의 손상을 막는 실제 도안 29가지를 별책부록으로 구성해 책의 손상을 막았어요.

나의 첫 놀이동산 자수 도안 활용법

도안 미리보기는 자수에서 사용한 원단, 실, 스티치를 자세히 볼 수 있도록
도안을 분리해놓았습니다. 숫자는 실의 색상을 의미하고, 괄호 안에 있는 숫자는 실의 올 수,
옆에 있는 텍스트로는 사용한 스티치 명을 확인할 수 있어요.

ex) 389번 실 색상 2올로
스트레이트 스티치 합니다.

Contents

Prologue × 002
나의 첫 놀이동산 자수 책 활용법 × 004

 ## 프랑스 자수의 기초
Basic guide

프랑스 자수의 재료 & 도구 × 010
프랑스 자수 시작하기 × 014
프랑스 자수 완성하기 × 020

Part 1 프랑스 자수 스티치 33

| Stitch 01 | 스트레이트 스티치 × 023
| Stitch 02 | 러닝 스티치 × 024
| Stitch 03 | 백 스티치 × 025
| Stitch 04 | 아우트라인 스티치 × 026
| Stitch 05 | 레이지 데이지 스티치 × 028
| Stitch 06 | 프렌치 넛 스티치 × 029
| Stitch 07 | 피스틸 스티치 × 029
| Stitch 08 | 링 스티치 × 030
| Stitch 09 | 스플릿 스티치 × 031
| Stitch 10 | 새틴 스티치 × 032
| Stitch 11 | 카우칭 스티치 × 033
| Stitch 12 | 휘프트 백 스티치 × 034
| Stitch 13 | 플라이 스티치 × 035
| Stitch 14 | 리프 플라이 스티치 × 036
| Stitch 15 | 페더 스티치 × 037
| Stitch 16 | 피시본 스티치 × 038
| Stitch 17 | 버튼홀 스티치 × 039

| Stitch 18 | 서클 버튼홀 스티치 × 040
| Stitch 19 | 하프 서클 버튼홀 스티치 × 041
| Stitch 20 | 체인 스티치 × 042
| Stitch 21 | 체커드 체인 스티치 × 044
| Stitch 22 | 케이블 체인 스티치 × 045
| Stitch 23 | 스파이더 웹 로즈 스티치 × 046
| Stitch 24 | 립드 스파이더 웹 스티치 × 047
| Stitch 25 | 코럴 스티치 × 048
| Stitch 26 | 헤링본 스티치 × 049
| Stitch 27 | 스파 스티치 × 050
| Stitch 28 | 길로시 스티치 × 051
| Stitch 29 | 페키니즈 스티치 × 052
| Stitch 30 | 레이즈드 스템 밴드 스티치 × 053
| Stitch 31 | 롱 앤 쇼트 스티치 × 054
| Stitch 32 | 위빙 스티치 × 055
| Stitch 33 | 블리온 스티치(블리온 로즈 스티치) × 056

PART 2　설렘 가득한 동물원

One stitch 01 ▶ 러닝 스티치로 만드는 동물 발자국 × 060
One stitch 02 ▶ 백 스티치로 만드는 아기 코끼리 × 062
One stitch 03 ▶ 아우트라인 스티치로 만드는 도토리를 든 다람쥐 × 064
One stitch 04 ▶ 프렌치 넛 스티치로 만드는 복슬복슬 양 × 066

멋쟁이 사자와 함께하는 사파리 × 068
꽃을 좋아하는 화관 쓴 동물들 × 074
봄날의 행복한 시간 곰들의 소풍 × 082
오늘도 귀여운 펭귄 삼총사 뒤뚱뒤뚱 펭귄의 낚시터 × 088
돌고래와 물개의 멋진 쇼 × 094

PART 3　두근두근 신나는 놀이동산

One stitch 05 ▶ 피스틸 스티치로 만드는 불꽃놀이 × 102
One stitch 06 ▶ 새틴 스티치로 만드는 작은 궁전 × 104
One stitch 07 ▶ 체인 스티치로 만드는 커피잔 놀이기구 × 106
One stitch 08 ▶ 카우칭 스티치로 만드는 빙글빙글 롤리팝 × 108

멀리 더 멀리 항해하는 바이킹 × 110
알록달록 크게 돌아가는 관람차 × 114
말들이 뛰어 노는 회전목마 × 118
달콤한 아이스크림 수레와 공중 그네 × 122
하늘을 나는 풍선 열기구 × 126

 **PART 4** 꽃 향기 가득한 식물원

One stitch 09 ▸ 피시본 스티치로 만드는 나뭇잎 × **132**
One stitch 10 ▸ 스파이더 웹 로즈 스티치로 만드는 장미꽃 리스 × **134**
One stitch 11 ▸ 립드 스파이더 웹 스티치로 만드는 별꽃 리스 × **136**
One stitch 12 ▸ 레이지 데이지 스티치로 만드는 들꽃 리스 × **138**

화단 속 울타리 꽃 정원 × **140**
꽃길을 걷는 사랑스러운 연인 × **144**
따뜻한 온기를 담은 봄날의 꽃 × **150**
꽃 수레 가득한 꽃으로 꾸미는 가든 × **156**
작은 화분이 가득한 진열대 × **162**

스티치 방법 찾아보기 × **170**

별책부록
나의 첫 놀이동산 자수 도안집 × **1~11**

프랑스 자수의 재료 & 도구

프랑스 자수에 필요한 재료와 도구에 대해 알아봅니다.
책에 실린 작품을 만들기 위한 재료와 도구들로 안내되어 있습니다.
처음 보는 재료부터 익숙한 도구도 있을 거예요. 정확한 사용법을 익혀 멋진 작품을 만들어보세요.

자수용 천

리넨이나 광목천을 주로 사용합니다. 리넨의 경우 면과 섞인 원단을 이용하는데, 두께는 11수 정도를 많이 사용하며 같은 11수라도 천에 따라 두께가 달라집니다. 물에 닿으면 수축되는 성질의 리넨을 사용한다면 자수를 놓고 난 후 줄어드는 것을 방지하기 위해 워싱된 '워싱 리넨'을 사용하는 것이 좋습니다. 만약 워싱 처리가 되어있지 않거나 가공되지 않은 천을 사용할 경우, 자수를 놓기 전 천을 미리 물에 담가 두었다가 말린 후 사용하면 심한 수축 현상을 방지할 수 있습니다.

수틀

천이 울지 않도록 고정해주는 역할을 합니다. 면을 채우는 스티치(새틴, 롱 앤 쇼트 스티치 등)를 제외하고 편의에 따라 수틀을 사용하지 않아도 됩니다. 하지만 처음 자수를 시작한다면 사용하는 것이 편리합니다. 도안의 크기에 따라 수틀이 도안에 걸리지 않는 사이즈를 사용하면 됩니다.

프랑스 자수 바늘

천을 잘 통과할 수 있도록 끝이 뾰족한 것이 특징입니다. 실의 올 수에 따라 다양한 굵기의 바늘이 있습니다. 번호가 클수록 얇은 바늘이며 실 올 수에 맞는 바늘을 선택하는 것이 중요합니다.

TIP 크로버 프랑스 자수 바늘 기준 3번 바늘은 실 6올, 9번 바늘은 실 1올을 사용합니다.

DMC 25번사

면으로 만들어진 면사로 프랑스 자수에서 많이 사용하는 실입니다. 화사하고 다양한 색감과 광택이 특징입니다. 길이는 8m이며 보통 한 번 사용시 60cm(팔길이)정도로 잘라 사용합니다. 6올이 1줄로 이루어져 있어 필요에 따라 1~6올로 올 수를 다르게 사용합니다.

애플톤울사

울로 만들어진 울사입니다. 포근한 느낌을 내고 싶을 때 사용합니다. 실이 매끄럽지 않아 자칫 엉키기 쉬워 처음 사용한다면 주의가 필요합니다. 면사인 DMC 25번사와는 달리 1개의 올로 되어있어 원하는 길이로 잘라 사용하면 됩니다.

보빈

실을 보관할 때 감아두는 실패입니다. 실의 색상 번호와 함께 보관합니다.

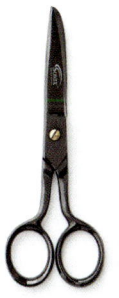

원단 가위

천을 자를 때 쓰는 가위입니다. 다른 재료를 자를 때 사용하면 날이 무뎌지니 원단 전용으로 사용합니다.

자수 가위

실을 자를 때 사용하는 가위로 원단 가위에 비해 작고 끝이 날카롭습니다.

시침핀

천을 고정할 때 사용하는 핀입니다.

 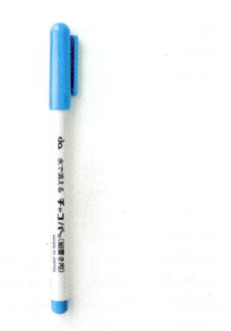 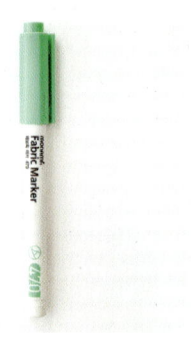

기화펜
시간이 지나면서 자연스레 선이 기화해 사라지는 펜입니다. 날씨나 습도에 따라 선이 사라지는 시간은 다릅니다.

수성펜
물에 닿으면 지워지는 펜입니다. 먹지로 옮긴 도안이 보이지 않거나 스티치 중 보조선이 필요한 경우에 사용합니다.

패브릭펜
천을 색칠할 때 사용하는 펜입니다. 물에 닿아도 지워지지 않습니다.

 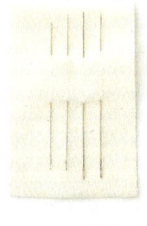 

비즈
자수에 장식을 할 때 사용하는 비즈입니다. 이 책에서는 미유키사의 비즈를 사용했습니다.

비즈 바늘
작은 비즈를 넣을 수 있는 얇은 바늘입니다. 비즈 바늘이 없는 경우 가장 얇은 자수 바늘로 대체해 사용합니다.

투명사
비즈를 달 때 사용하는 투명사로 실이 투명해 깔끔합니다.

트레이싱지(기름종이)
종이에 그려진 도안을 옮길 때 사용합니다. 뒷면이 비치는 종이의 특성상 도안을 따라 옮기기 좋습니다.

TIP 트레이싱지로 도안을 옮길 때는 연필, 펜, 가는 네임펜 등을 사용합니다.

셀로판지
도안이 그려진 종이 위에 덧대 사용합니다. 트레이싱지에 옮긴 도안이 찢어지는 것을 방지하고 도안이 손상되는 것을 막습니다.

수성 먹지(차콜 페이퍼)
도안을 천에 옮길 때 사용합니다. 일회용은 아니며 먹이 묻어 나오지 않을 때까지 사용이 가능합니다. 자수 작품이 완성된 후 천에 묻은 먹 자국은 물로 지울 수 있습니다.

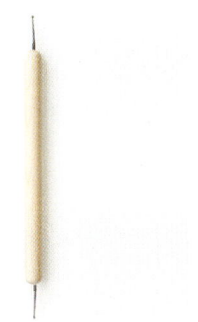

도트펜(철필)
도안을 옮길 때 사용하는 펜입니다. 도안을 따라 먹지를 눌러주어 천에 묻어나도록 합니다. 잉크가 나오지 않는 펜으로도 대체 가능합니다.

테이프
도안을 천에 고정시킬 때, 셀로판지를 고정시킬 때 사용합니다. 시침핀 대용으로 사용할 수 있습니다.

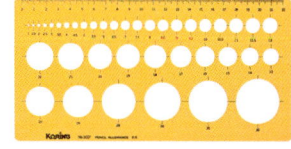

자
직선과 동그라미를 그릴 때 사용합니다.

프랑스 자수 시작하기

프랑스 자수를 시작하기 전 알고 있으면 도움이 되는 것들을 정리하였습니다.
실 사용법부터 리본과 비즈 사용법까지 알려드립니다. 어렵지 않으니 차분히 한 단계씩 따라오세요.

미리 알아두는 자수 용어

기본적인 용어지만 초보자들에겐 어렵게 느껴지는 자수 용어입니다.
아리송한 자수 용어를 미리 숙지하는 것 만으로도 자수를 시작하는 마음이 한결 가뿐해질 거예요.

한 땀
스티치 한 번을 말합니다.

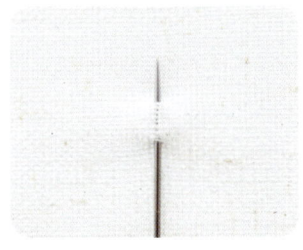

천을 뜬다
바늘을 천에서 완전하게
빼지 않은 상태를 말합니다.

마무리한다
천 뒷면에서 매듭지어 자수를
끝낸 것을 말합니다.

바늘을 뺀다
천 뒤에서 앞으로 바늘을
통과시켜 넣는 것을 말합니다.

바늘을 넣는다
천 앞에서 뒤로 바늘을 통과시켜
넣는 것을 말합니다.

천에 도안 옮기기

1 원하는 도안을 연필이나 펜을 사용해 트레이싱지에 옮겨 그립니다.

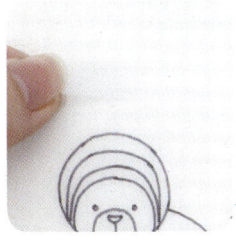

2 원하는 위치에 트레이싱지를 놓고 위쪽과 왼쪽을 테이프(시침핀)로 고정합니다.

3 천과 도안 사이에 수성 먹지를 넣습니다. 도안은 셀로판지나 비닐로 덮습니다.

4 도안을 따라 도트펜(철필)을 눌러 그리면 도안이 천에 옮겨집니다. 고정하지 않은 쪽을 들춰보며 잘 그려졌는지 확인하면서 그립니다.

보빈에 실 감기

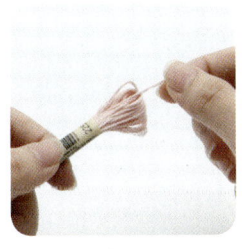

1 실을 풀러 줍니다. 색상 번호가 있는 쪽에서 실을 빼면 걸리지 않고 쉽게 뺄 수 있습니다.

2 색상 번호가 적힌 부분을 반 접어 보빈과 함께 잡습니다.

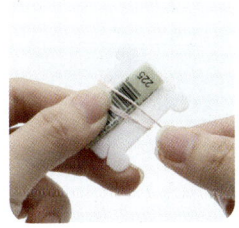

3 실 한 쪽을 함께 잡고 실을 보빈에 감습니다.

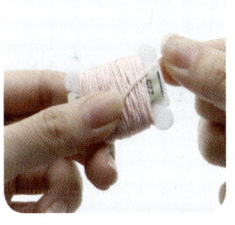

4 실을 감은 후 실의 끝부분은 보빈에 걸어줍니다.

천에 수틀 끼우기

 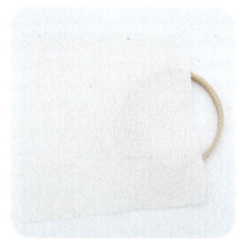  

1 수틀을 분리합니다. 수틀은 작은 수틀과 나사가 있는 수틀로 나뉘게 됩니다.

2 작은 수틀을 천 밑에 넣어 도안이 원 안에 위치하도록 자리를 잡습니다.

3 나사가 있는 수틀을 씌워 끼웁니다.

4 나사를 조여 천을 고정합니다.

5 천이 고르지 않을 경우 팽팽해 지도록 수틀 바깥쪽에서 천을 당겨 정리합니다.

바늘과 실 준비하기

1 필요한 길이만큼 실을 자릅니다. 보통 60cm 길이로 자르면 충분합니다.

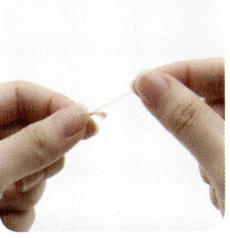

2 한 손에는 실 전체, 다른 한 손에 실 1올을 잡아 당겨 필요한 올 수만큼 반복합니다.

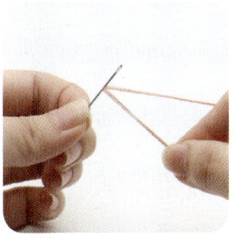

3 반으로 접은 실을 바늘에 걸어 당깁니다.

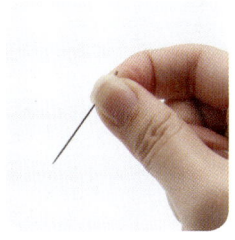

4 실이 접힌 부분을 손으로 지긋이 누릅니다.

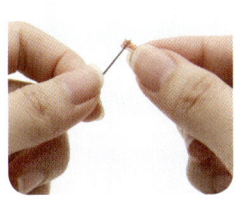

5 접힌 실 부분을 바늘에 밀듯이 넣습니다.

6 바늘 귀로 나온 실을 잡아당겨 바늘에 실을 꿰어줍니다.

7 반대편 끝은 매듭을 짓습니다. 반대편 실 끝을 바늘에 2번 감습니다.

8 한 손으로 감은 부분을 잡고 다른 한 손으로 바늘을 잡아 끝까지 당기면 매듭이 만들어집니다.

9 매듭 뒤에 남은 실은 짧게 잘라 정리합니다.

10 매듭 쪽 실을 길게 두고 매듭이 없는 쪽 실은 전체 길이의 1/3만 남겨둡니다.

자수 후 실 마무리하기

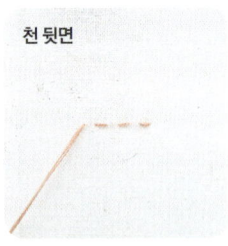

1 스티치가 완료되면 실을 천 뒤로 뺍니다.

2 바늘에 실을 두 번 감습니다.

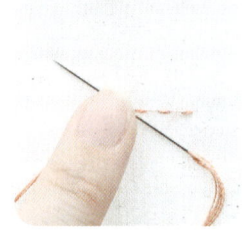

3 감은 부분을 손으로 누르고 바늘을 뺍니다.

4 매듭이 만들어집니다. 이때 실을 잘라 정리합니다.

5 실을 좀 더 정리하고 싶을 때는 옆 땀으로 실을 걸어줍니다.

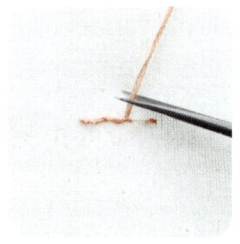

6 두 땀 정도 건 후 가위로 자릅니다.

7 실이 좀 더 정리된 형태입니다.

천에 비즈달기

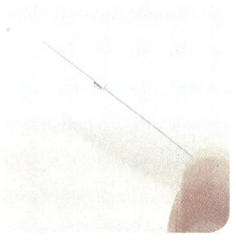

1 원하는 위치로 비즈 바늘을 뺍니다.
2 비즈 바늘에 비즈를 넣습니다.
3 바늘을 넣어 비즈를 달아 마무리합니다.

리본 만들어 달기

1 실을 풀어 정리한 후 리본으로 묶습니다.
2 리본을 원하는 위치에 놓은 후 중심의 위쪽으로 바늘을 뺍니다.
3 리본 위로 움직여 한 땀 고정합니다.
4 리본 길이를 잘라 정리하면 완성입니다.

프랑스 자수 완성하기

완성한 자수 작품을 더 멋지게 마무리할 수 있는 방법입니다.
수틀이나 손으로 인해 구깃해진 천을 다리고, 먹지나 수성펜으로 그이 둔
선들을 지우면 작품이 새롭게 태어날 거예요.

> **알아두면 좋은 자수 TIP**
>
> **먹지선 혹은 수성펜 자국 지우기**
> 작품 완성 후 물이 묻은 면봉으로 선을 지웁니다.
> 세게 문지르면 자수 부분이 상할 수 있으니 주의합니다.
>
> **다림질하기**
> 바닥에 수건이나 천을 놓은 후 자수를 놓은 천의
> 뒷부분을 펴 다림질 합니다
> (먹지선, 펜 자국은 전부 지운 후 다립니다).
>
> **천 세탁하기**
> 물에 중성세제를 푼 후 담가 세탁합니다.

수틀 액자 만들기

1. 완성된 자수 천에 수틀을 끼우고 2~3cm 여백을 두고 천을 자릅니다.

2. 천 테두리에 러닝 스티치(홈질, 24p)를 합니다.

3. 실을 천천히 잡아당겨 천을 오므립니다.

4. 가로, 세로, 대각선으로 실을 고정합니다. 뒷면에 펠트지를 붙이면 깔끔하게 마무리 할 수 있습니다.

캔버스 액자 만들기

1   캔버스에 작품을 감 싸 위치를 잡습니다.

2   뒤집어 양쪽 천을 접습니다.

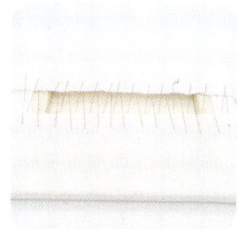

3   실로 한 땀씩 길게 오 고 가며 천을 고정합 니다.

4   모서리는 모양을 잡아 접습니다.

5   테이프나 시침핀으로 고정하면 형태를 잡을 수 있어 편리합 니다.

6   반대편도 동일하게 실로 고정합니다.

7   뒷면에 펠트지를 붙여 깔끔하게 마무 리할 수 있습니다.

프랑스 자수 스티치 33

PART 1

「나의 첫 놀이동산 자수」에 사용된 33가지 프랑스 자수 스티치입니다.
스티치는 그림으로 비유하자면 물감입니다. 많은 색을 가지고 있으면 좋겠지만
한 가지 혹은 두 가지 색으로도 충분히 멋진 작품을 만들 수 있습니다.
수많은 스티치를 전부 익히는 것도 좋지만 몇 가지 기본 스티치만으로도
충분히 멋진 자수를 수놓을 수 있습니다. 처음이라 어려운 것은 당연합니다.
급하게 생각하지 말고 스티치들을 천천히 익히면서
점점 나만의 스티치 영역을 넓혀 보세요.

Part 1
프랑스 자수 스티치 33

책에서 사용한 33가지의 기본 스티치 입니다. 초보자들이 알아두면 좋은 스티치로
구성되어 있으니 과정 사진을 보며 천천히 따라해 보세요.

01 스트레이트 스티치	12 휘프트 백 스티치	23 스파이더 웹 로즈 스티치
02 러닝 스티치	13 플라이 스티치	24 립드 스파이더 웹 스티치
03 백 스티치	14 리프 플라이 스티치	25 코럴 스티치
04 아우트라인 스티치	15 페더 스티치	26 헤링본 스티치
05 레이지 데이지 스티치	16 피시본 스티치	27 스파 스티치
06 프렌치 넛 스티치	17 버튼홀 스티치	28 길로시 스티치
07 피스틸 스티치	18 서클 버튼홀 스티치	29 페키니즈 스티치
08 링 스티치	19 하프 서클 버튼홀 스티치	30 레이즈드 스템 밴드 스티치
09 스플릿 스티치	20 체인 스티치	31 롱 앤 쇼트 스티치
10 새틴 스티치	21 체커드 체인 스티치	32 위빙 스티치
11 카우칭 스티치	22 케이블 체인 스티치	33 블리온 스티치(블리온 로즈 스티치)

× 스티치를 한눈에 보고 싶다면 170p의 〈스티치 방법 찾아보기〉를 참고하세요.

Stitch 01

스트레이트 스티치

가장 기본적인 스티치로 바늘을 넣고 빼면 만들어집니다.
한 땀 길이가 길어지지 않도록 주의하며 수놓습니다.

1 왼쪽 시작점에서 바늘을 뺍니다.

2 한 땀 길이만큼 이동해 바늘을 넣으면 스트레이트 스티치 완성입니다.

023

Stitch 02

러닝 스티치

점선처럼 생긴 스티치로 '홈질'이라고도 합니다.
한 땀의 길이와 간격은 마음대로 정할 수 있지만 땀과 간격을 균일하게 수놓습니다.

1 오른쪽 시작점에서 바늘을 뺍니다.

2 왼쪽으로 한 땀씩 연속으로 천을 뜹니다.

3 도안 길이만큼 이동 후 바늘을 넣으면 러닝 스티치 완성입니다.

• 바느질이 처음인 분들을 위한 방법 •

1 왼쪽 시작점에서 바늘을 뺍니다.

2 한 땀 길이로 이동해 바늘을 넣습니다.

3 천 뒤편에서 한 땀 길이로 이동해 바늘을 뺍니다.

4 한 땀 길이로 이동해 바늘을 넣습니다.

5 도안 길이만큼 반복하면 러닝 스티치 완성입니다.

Stitch 03

백 스티치

'박음질'이라고도 불리는 튼튼한 스티치입니다. 백 스티치만으로도 작품을 만들 수 있고, 고딕체의 글씨를 수놓는 데 적합합니다.

1 오른쪽 시작점 한 땀 앞에서 바늘을 뺍니다.

2 오른쪽으로 이동해 바늘을 넣습니다.

3 다시 한 땀 길이로 이동해 바늘을 뺍니다.

4 오른쪽으로 이동해 앞의 스티치와 연결되도록 바늘을 넣습니다.

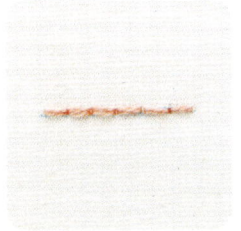

5 도안 길이만큼 반복하면 백 스티치 완성입니다.

Stitch 04

아우트라인 스티치

선과 면으로 사용 가능한 활용도 높은 스티치입니다.
실은 같은 방향으로 똑같이 유지해야 스티치의 모양을 제대로 유지할 수 있습니다.

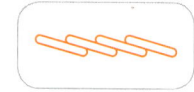

1 왼쪽 시작점에서 바늘을 뺀 후 실을 아래로 내립니다.

2 한 땀 길이로 오른쪽으로 이동해 왼쪽 방향으로 반 땀 천을 뜹니다.

3 실을 끝까지 뺀 후 아래로 내립니다.

4 반 땀 길이로 오른쪽으로 이동해 앞의 스티치와 붙도록 반 땀 떠서 실을 뺍니다.

5 도안 길이만큼 반복합니다.

6 도안 끝부분으로 바늘을 넣어 마무리하면 아우트라인 스티치 완성입니다.

• 아우트라인 스티치로 각진 곳 수놓기 1 •

  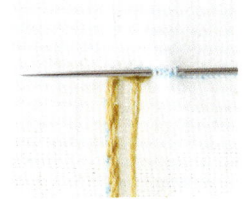 

1 한 땀 길이로 이동한 후 바늘을 뺍니다.

2 각진 시작점에서 수놓을 방향으로 반 땀 길이로 천을 떠서 바늘을 뺍니다. 이때 실은 위쪽으로 올립니다.

3 실을 내린 후 아우트라인 스티치 합니다.

4 도안 길이만큼 반복해 마무리합니다.

• 아우트라인 스티치로 각진 곳 수놓기 2 •

1 수놓고 싶은 방향의 반대 방향으로 살짝 이동해 바늘을 뺍니다.

2 한 땀 길이로 이동해 반 땀 천을 떠서 아우트라인 스티치 합니다.

3 도안 길이만큼 반복해 마무리합니다.

Stitch 05

레이지 데이지 스티치

고리를 고정한 형태의 스티치입니다. 바늘에 실을 감을 때 당김의 정도에 따라 뾰족하거나 둥그렇게 수놓을 수 있습니다. 하나를 놓으면 잎, 여러 개를 둥글게 수놓으면 꽃이 만들어집니다.

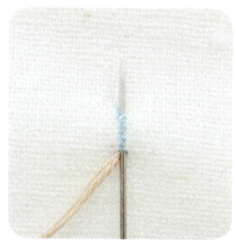

1 아래 시작점에서 실을 뺍니다.

2 시작점에서 도안 길이만큼 천을 뜹니다.

3 실을 바늘에 걸어 줍니다. 이때 실이 뒤집히지 않도록 주의합니다.

   TIP 꽃으로 사용할 경우 실을 느슨하게 해 둥근 느낌으로 만들면 더 예쁘게 만들 수 있습니다.

4 모양을 잡아 고리 뒤로 바늘을 넣어 마무리하면 레이지 데이지 스티치 완성입니다.

• 레이지 데이지 스티치로 꽃 만들기 •

1 도안을 따라 레이지 데이지 스티치 합니다.

2 시계 방향으로 선마다 하나씩 레이지 데이지 스티치로 수놓습니다.

   TIP 스티치의 개수를 늘리면 큰 꽃을 만들 수 있습니다.

Stitch 06

프렌치 넛 스티치

천 위에 작게 매듭을 만드는 스티치입니다. 바늘에 실을 감을 때의 느슨함에 따라 스티치의 크기가 달라집니다. 실을 많이 당기면 바늘을 빼기 힘드니 느슨하게 조정해 빼는 것이 좋습니다.

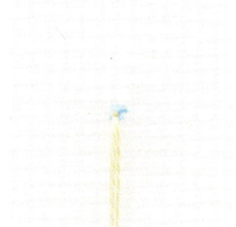 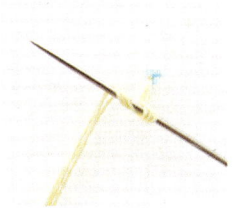 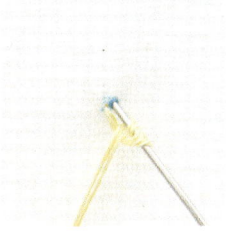 

1 시작점에서 바늘을 뺍니다.

2 실을 바늘에 2번 감습니다.

   TIP 실은 보통 1~2번 정도 바늘에 감습니다. 책에 사용된 프렌치 넛 스티치는 실을 바늘에 2회 감아 수놓았습니다.

3 바늘을 천에 꽂은 후 바늘에 감아져 있는 실이 천에 닿도록 실을 당깁니다.

   TIP 실을 당겨도 감겨진 실이 내려가지 않는다면 손으로 내려 정리합니다.

4 바늘을 그대로 넣어 마무리하면 프렌치 넛 스티치 완성입니다.

Stitch 07

피스틸 스티치

스트레이트 스티치와 프렌치 넛 스티치를 한 번에 할 수 있는 스티치입니다. 실을 팽팽하게 당기면 정리된 느낌의 스티치를 할 수 있습니다.

1 아래 시작점에서 바늘을 뺍니다.

2 바늘에 실을 2번 감습니다.

3 바늘을 프렌치 넛 스티치가 위치할 부분에 꽂은 후 바늘에 감아져 있는 실이 천에 닿도록 내립니다.

4 바늘을 그대로 넣어 마무리하면 피스틸 스티치 완성입니다.

Stitch 08

링 스티치

고리를 만들 수 있는 스티치입니다.
링 스티치를 반복적으로 여러 개 수놓으면 포근한 털을 표현할 수 있습니다.

1. 왼쪽 시작점에서 바늘을 뺍니다.
2. 간격을 띄운 후 바늘을 넣습니다.
3. 실을 전부 빼지 말고 어느 정도 남겨둡니다.
4. 가운데 윗부분에서 바늘을 빼 아랫부분으로 바늘을 넣어 한 땀 고정해 마무리하면 링 스티치 완성입니다.

Stitch 09

스플릿 스티치

실을 갈라가며 놓는 스티치입니다. 완성된 모습은 아우트라인 스티치나
체인 스티치와 비슷하나 좀 더 차분한 느낌이 납니다. 반복해 면을 채울 수도 있습니다.

1. 왼쪽 시작점에서 한 땀 스트레이트 스티치(23p) 합니다.
2. 한 땀의 중간에서 실을 갈라 바늘을 뺍니다.
3. 한 땀 길이로 이동해 바늘을 넣습니다.
4. 다시 한 땀의 중간에서 실을 갈라 바늘을 뺍니다.

5. 도안 길이만큼 반복합니다.
6. 끝부분으로 바늘을 넣어 마무리하면 스플릿 스티치 완성입니다.

Stitch 10

새틴 스티치

작은 면을 채울 때 사용하는 스티치입니다. 방법은 간단하나 섬세한 손길이 필요한 스티치입니다.
큰 면을 채울 때는 롱 앤 쇼트 스티치를 사용하는 것이 좋습니다.

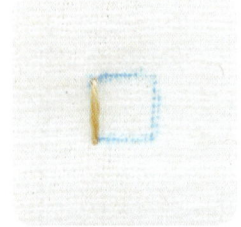

1. 왼쪽 시작점에서 바늘을 뺍니다.
2. 도안 길이만큼 스트레이트 스티치(23p)로 수놓습니다.
3. 다시 시작점 옆으로 바늘을 뺍니다.

4. 촘촘히 한 땀씩 채웁니다. 중간이 비어 보일 경우 다시 돌아와 한 땀 채웁니다.
5. 도안 크기만큼 반복해 마무리하면 새틴 스티치 완성입니다.

• 대칭 모양일 때 새틴 스티치로 수놓기 •

1. 도안의 가운데부터 새틴 스티치를 시작합니다.
2. 왼쪽 방향으로 한 땀씩 만들며 이동합니다. 중간에 보조선을 그어 두면 좀 더 편리합니다.
3. 도안 모양에 주의하며 한쪽을 채웁니다.
4. 다시 가운데로 돌아와 가운데에서 오른쪽을 채웁니다.

Stitch 11

카우칭 스티치

두 개의 실과 바늘로 만들어 다양한 선 표현이 가능한 스티치입니다. 복잡한 형태도 쉽게 수놓을 수 있습니다. 실의 색은 같거나 서로 다른 색의 실을 사용해도 좋습니다.

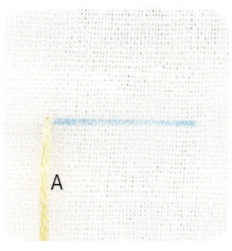
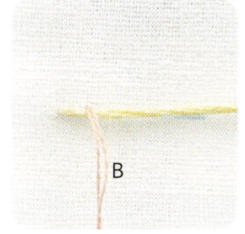

1 카우칭 스티치는 두 개의 실과 바늘이 필요합니다. 선으로 만들 A실(노란색)을 먼저 왼쪽 시작점에 바늘을 뺍니다.

2 다른 고정할 B실(핑크색)을 A실의 위쪽으로 뺍니다.

3 짧게 아래로 바늘을 넣어 A실을 고정합니다.

4 일정한 간격을 두고 도안을 따라 한 땀씩 반복합니다.

5 B실은 끝난 자리에서 매듭짓고 A실은 도안 끝부분으로 바늘을 넣어 마무리하면 카우칭 스티치 완성입니다.

Stitch 12

휘프트 백 스티치

백 스티치 위에 실로 감아 만드는 스티치입니다. 꼬불꼬불 말린 모양이 귀여운 스티치로 실의 감는 방향을 동일하게 유지하는 것이 중요합니다.

1. 도안을 따라 백 스티치(25p) 합니다.

2. 첫 번째 땀 위에서 실을 뺍니다.

3. 바늘을 두 번째 땀의 아래에서 위로 통과시킵니다.

4. 백 스티치의 땀 수만큼 반복합니다.

5. 백 스티치 마지막 땀 아래쪽으로 바늘을 넣어 마무리하면 휘프트 백 스티치 완성입니다.

Stitch 13

플라이 스티치

뾰족한 모양의 스티치입니다. 한쪽 끝에서 중심으로 천을 뜨는 정도에 따라 뾰족한 정도가 정해집니다. 이 때 너무 완만한 각을 이루지 않도록 주의합니다.

1 왼쪽 시작점에서 바늘을 뺍니다.
2 오른쪽 끝에서 중심 방향으로 천을 뜹니다.
3 바늘에 실을 걸어 줍니다.
4 바늘을 빼서 실을 끝까지 뺍니다.

5 고리 뒤쪽으로 바늘을 넣어 마무리하면 플라이 스티치 완성입니다.
6 도안에 따라 한 땀을 길게 바늘을 넣어 마무리해도 좋습니다.

Stitch 14

리프 플라이 스티치

스트레이트 스티치 후 플라이 스티치를 반복해 잎을 만드는 스티치입니다.
잎을 만드는 스티치 기법 중 초보자가 가장 쉽게 따라 할 수 있는 방법입니다.

1. 잎의 뾰족한 지점에서 바늘을 뺍니다. 중심선을 따라 한 땀 스트레이트 스티치 (23p) 합니다.
2. 시작점의 왼쪽에서 바늘을 뺍니다.
3. 대칭인 오른쪽에서 가운데 부분으로 천을 뜹니다.
4. 실을 바늘에 걸어 줍니다.

5. 바늘을 빼서 실을 끝까지 당깁니다.
6. 고리 뒤로 바늘을 넣어 고정합니다.
7. 도안을 따라 반복하면 리프 플라이 스티치 완성입니다.

Stitch 15

페더 스티치

플라이 스티치를 양쪽으로 번갈아 가며 하는 스티치입니다. 왼쪽과 오른쪽으로 번갈아 하거나 자유로운 느낌을 주고 싶을 때는 불규칙적으로 수놓아도 좋습니다.

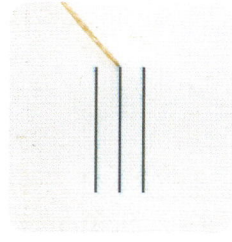

1. 보조선을 3줄 그린 후 가운데 시작점에서 바늘을 뺍니다.

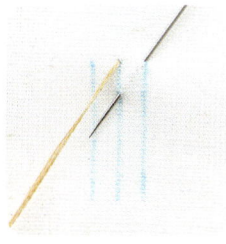

2. 오른쪽 보조선에서 중심선으로 한 땀 뜹니다.

3. 실을 바늘에 걸어 줍니다.

4. 바늘을 빼서 실을 끝까지 당겨줍니다.

5. 실이 나온 위치에서 평행 이동해 중심선 쪽으로 한 땀 뜬 후 실을 걸어 바늘을 뺍니다.

6. 도안 길이만큼 반복합니다.

7. 고리 뒤쪽으로 바늘을 넣어 마무리하면 페더 스티치 완성입니다.

• 자유로운 도안에서의 페더 스티치 •

1. 중심 쪽에서 시작하여 반대편 끝에서 가운데로 천을 떠서 수놓습니다.

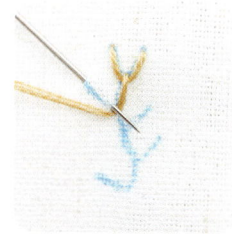

2. 선이 왼쪽에 있으므로 바늘을 왼쪽 끝에서 가운데로 천을 떠서 수놓습니다.

3. 도안의 위치를 따라 왼쪽, 오른쪽 천을 떠서 수놓습니다.

4. 도안의 길이만큼 반복한 후 고리 뒤쪽으로 바늘을 넣어 마무리합니다.

Stitch 16

피시본 스티치

X자 모양을 반복하여 면을 채우는 스티치로 생선 뼈와 닮았습니다.
스티치를 하면서 실의 각도가 달라지지 않도록 주의합니다.

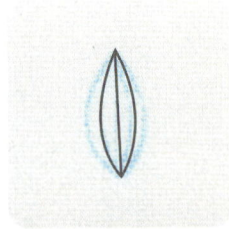

1 사진과 같이 보조선을 그립니다.

2 가장 뾰족한 부분에서 시작하여 중심선을 따라 스트레이트 스티치(23p)를 한 땀 수놓습니다.

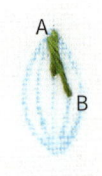

3 A로 바늘을 빼서 대각선으로 이동해 보조선에 맞춰 B로 바늘을 넣습니다.

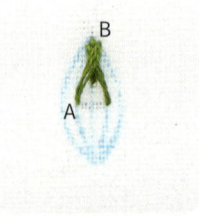

4 천 뒷면에서 수평으로 이동해 A로 나와 B로 바늘을 넣습니다.

5 스티치 중간에 실의 기울기가 달라지지 않도록 바늘을 넣기 전 실 기울기를 확인 후 바늘을 넣습니다.

6 위의 방법을 반복해 도안을 채웁니다.

7 끝나는 부분에 바늘을 넣어 마무리하면 피시본 스티치 완성입니다.

Stitch 17

버튼홀 스티치

담요 끝부분 모양과 비슷하여 블랭킷 스티치라고도 불립니다. ㄱ을 생각하면 쉽게 기억할 수 있습니다. 평면적인 자수부터 입체 자수까지 고루 사용합니다.

1. 왼쪽 시작점에서 바늘을 뺍니다.

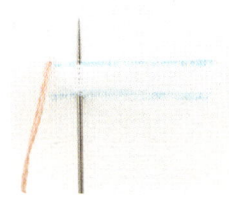

2. 한 땀 길이로 이동해 아래에서 위로 천을 뜹니다.

3. 실을 바늘에 걸어 줍니다.

4. 바늘을 빼서 실을 끝까지 잡아당깁니다.

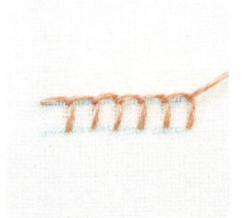

5. 도안 길이만큼 반복합니다.

6. 고리 뒤쪽으로 바늘을 넣어 마무리하면 버튼홀 스티치 완성입니다.

Stitch 18

서클 버튼홀 스티치

버튼홀 스티치를 동그랗게 수놓는 스티치입니다. 한 땀의 간격이 비슷하게 될 수 있도록 기화 펜이나 수성펜으로 칸을 나누면 더 깔끔한 모양으로 만들 수 있습니다.

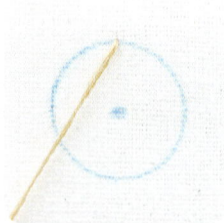
1 시작점에서 바늘을 뺍니다.

2 원의 중심에서 한 땀 길이로 떨어진 곳으로 천을 뜹니다.

3 실을 바늘에 걸어 줍니다.

4 바늘을 당겨 실을 끝까지 뺍니다.

5 한 땀 남을 때까지 반복합니다.

6 바늘을 첫 땀으로 걸어 줍니다.

7 실을 끝까지 당깁니다. 이때 모양이 망가지지 않도록 주의합니다.

8 원의 중심으로 바늘을 넣어 마무리하면 서클 버튼홀 스티치 완성입니다.

Stitch 19

하프 서클 버튼홀 스티치

반원 모양의 스티치입니다. 처음 시작하는 스트레이트 스티치 부분과 버튼홀 스티치가 떨어지지 않고 연결될 수 있도록 주의합니다.

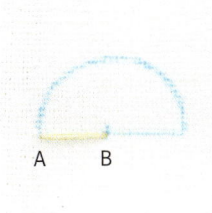

1 A에서 B로 스트레이트 스티치(23p) 합니다.

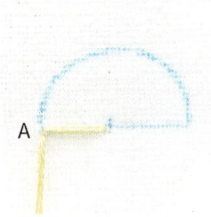

2 A로 바늘을 뺍니다.

3 반원의 중심에서 한 땀 이동한 부분에 천을 뜹니다.

4 실을 바늘에 걸어 줍니다.

5 바늘을 당겨 실을 끝까지 뺍니다.

6 도안 끝까지 반복합니다.

7 고리 뒤쪽으로 바늘을 넣어 마무리하면 하프 서클 버튼홀 스티치 완성입니다.

Stitch 20

체인 스티치

선과 면등 다양한 표현이 가능한 스티치입니다. 레이지 데이지 스티치가 반복적으로 연결된 모습이며 다른 스티치에 비해 튼튼해 소품에 활용하기 좋습니다.

1 왼쪽 시작점에서 바늘을 뺍니다.

2 실이 나온 같은 자리나 바로 옆으로 바늘을 넣어 천을 뜹니다.

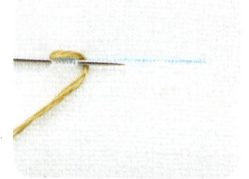

3 실을 바늘에 걸어 줍니다. 이때 고리가 뒤집히지 않도록 주의합니다.

4 바늘을 빼서 실을 끝까지 뺍니다.

5 고리 안쪽으로 바늘을 넣어 도안을 따라 천을 뜹니다.

6 실을 바늘에 걸어 뺍니다.

7 도안을 따라 반복합니다.

8 고리 뒤쪽으로 바늘을 넣어 마무리하면 체인 스티치 완성입니다.

• 체인 스티치로 각진 곳 수놓기 •

1 체인 스티치를 마무리 한 후 다시 고리 안쪽으로 바늘을 뺍니다.

2 고리 안쪽으로 바늘을 넣어 도안을 따라 천을 뜬 후 실을 걸어 줍니다.

3 바늘을 당겨 실을 끝까지 뺍니다.

4 도안 길이만큼 체인 스티치 하면 각진 곳 수놓기 완성입니다.

• 체인 스티치로 동그라미 수놓기 •

1 첫 땀에서 한 땀 길이를 남겨두고 체인 스티치 합니다.

2 바늘을 첫 땀에 걸어 줍니다.

3 모양에 주의하며 실을 당깁니다.

4 실이 나온 고리 안으로 바늘을 넣습니다.

5 체인 스티치로 동그라미 수놓기 완성입니다.

Stitch 21

체커드 체인 스티치

두 가지 색의 실을 하나의 바늘에 넣어 시작하는 스티치입니다.
수놓아진 형태는 체인 스티치와 동일하나 스티치마다 색이 하나씩 번갈아 나타납니다.
실을 정리하며 수놓아야 엉키지 않습니다.

1. 왼쪽 시작점에서 바늘을 뺍니다.
2. 시작점에서 한 땀 길이만큼 바늘로 천을 뜹니다.
3. 첫 번째 스티치 색 실만 바늘에 걸어 줍니다.
4. 바늘을 당겨 실을 끝까지 뺍니다.

5. 고리 안쪽으로 바늘을 넣어 천을 뜬 후 두 번째 스티치 색 실을 바늘에 걸어 줍니다.
6. 바늘을 빼서 실을 끝까지 당깁니다.
7. 도안 길이만큼 반복합니다.
8. 고리 뒤쪽으로 바늘을 넣으면 체커드 체인 스티치 완성입니다.

Stitch 22

케이블 체인 스티치

동그라미와 직선을 한 번에 만들 수 있는 스티치입니다.
쇠사슬, 체인을 표현할 때 사용하며 바늘이 이동한 길이는 직선의 길이,
바늘로 천을 뜬 길이는 동그라미의 크기로 정해집니다.

1   시작점에서 바늘을 뺍니다.

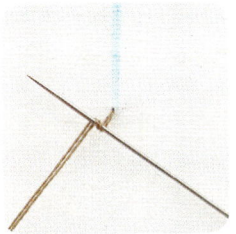

2   실을 바늘에 한 번 감습니다.

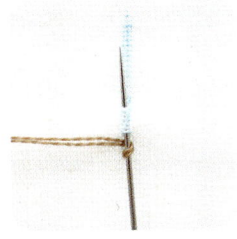

3   실을 바늘에 감은 채로 시작점에서 한 땀 이동해 천을 한 땀 뜹니다.

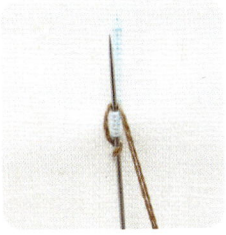

4   실을 바늘에 감습니다.

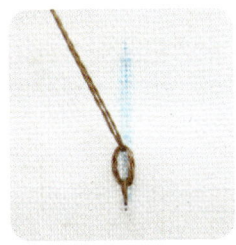

5   바늘을 빼서 실을 끝까지 당깁니다.

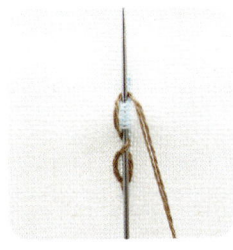

6   도안 길이만큼 반복합니다.

7   고리의 뒤편으로 바늘을 넣어 마무리하면 케이블 체인 스티치 완성입니다.

Stitch 23

스파이더 웹 로즈 스티치

장미꽃을 만들 수 있는 스티치입니다. 기둥이 필요한 스티치로 기둥 개수가 홀수여야 하고 기둥의 길이가 같아야 더 깔끔합니다. 기둥 아래로 바늘을 통과할 때는 바늘 귀의 뭉툭한 부분을 이용하면 편리합니다.

1 기둥을 만들 부분에 보조선을 그립니다.
TIP 기둥의 수는 크기에 따라 달라지며 5, 7, 9등 홀수로 스티치를 만들어야 합니다.

2 원 바깥쪽에서 중심으로 스트레이트 스티치(23p) 합니다.

3 옆으로 이동하며 한 땀씩 기둥을 만듭니다.

4 기둥 사이로 바늘을 뺍니다. 이때 첫 시작 위치를 점으로 찍어 표시하면 나중에 마무리 자리를 찾기 쉽습니다.

5 기둥을 하나 건너 다음 기둥 아래로 바늘을 통과시킵니다. 이때 바늘의 뭉툭한 부분을 이용하면 편리합니다.

6 바늘을 통과하여 실을 끝까지 뺍니다.

7 기둥이 보이지 않을 때까지 반복해서 돌려줍니다.

8 미리 표시한 점 근처에서 바늘을 친 뒤로 넣어 마무리하면 스파이더 웹 로즈 스티치 완성입니다.

Stitch 24

립드 스파이더 웹 스티치

기둥이 통통해지는 스티치입니다. 스파이더 웹 로즈 스티치와 동일하게
기둥이 필요한 스티치지만 기둥의 개수는 홀수 짝수 모두 가능한 것이 특징입니다.

1. 기둥을 만들 부분에 보조선을 그립니다.
   TIP 기둥 개수는 크기에 따라 달라지며 기둥의 수는 홀수, 짝수 모두 가능합니다.

2. 원 바깥쪽에서 중심으로 스트레이트 스티치(23p) 합니다.

3. 옆으로 이동하며 한 땀씩 기둥을 만듭니다.

4. 기둥 사이로 바늘을 뺍니다. 이때 첫 시작 위치를 점으로 찍어 표시하면 나중에 마무리 자리를 찾기 쉽습니다.

5. 실을 기준으로 오른쪽과 왼쪽 기둥을 오른쪽에서 왼쪽으로 한번에 걸어 줍니다.

6. 실을 잡아당겨 모양을 잡아줍니다.

7. 기둥이 보이지 않을 때까지 반복합니다.

8. 미리 표시힌 점 근치에서 바늘을 천 뒤로 넣어 마무리하면 립드 스파이더 웹 스티치 완성입니다.

Stitch 25

코럴 스티치

선의 중간 중간에 매듭이 하나씩 만들어지는 스티치입니다.
매듭이 지어지는 곳의 간격이 비슷할 수 있도록 주의하며 수놓아야 합니다.

1. 왼쪽 시작점으로 바늘을 뺍니다. 한 땀 이동해 도안선과 수직으로 작게 한 땀 뜹니다.

2. 바늘에 실을 오른쪽에서 왼쪽으로 걸어 줍니다.

3. 바늘을 빼서 실을 끝까지 잡아당깁니다.

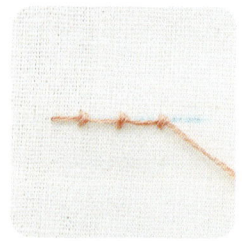

4. 일정한 간격으로 반복합니다.

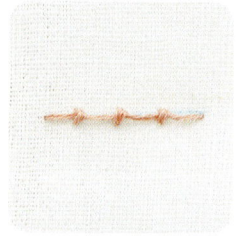

5. 도안 끝부분으로 바늘을 넣어 마무리하면 코럴 스티치 완성입니다.

Stitch 26

헤링본 스티치

X 모양이 만들어지는 스티치로 소품에 들어가는 무늬로 수놓아도 좋습니다.
수놓을 때 자칫 헷갈릴 수 있으니 보조선을 사용하면 편리합니다.

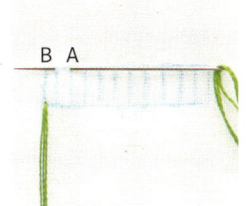

1 한 땀 크기만큼 칸을 나눠 보조선을 그립니다. 왼쪽 아래 시작점에서 바늘을 뺍니다.

2 A에서 B로 위쪽에서 한 땀 뜹니다.

3 한 칸 이동해 아래쪽에서 한 땀 뜹니다. 이때 실이 걸리지 않게 주의합니다.

4 위, 아래 반복해 한 땀씩 뜨며 이동합니다.

5 도안 길이만큼 반복한 후 한 칸 이동해 바늘을 넣어 마무리하면 헤링본 스티치 완성입니다.

Stitch 27

스파 스티치

엇갈리게 놓은 2줄의 백 스티치에 실을 걸어 만드는 스티치입니다.
백 스티치가 엇갈려있지 않으면 모양이 제대로 만들어지지 않으니 주의합니다.

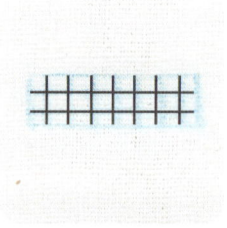

1 보조선을 그립니다.

2 윗줄은 보조선 칸에 맞게 백 스티치(25p) 합니다.

3 아랫줄은 칸 사이사이로 윗줄과 엇갈리게 백 스티치 합니다.

4 윗줄의 백 스티치 아래쪽에서 바늘을 뺍니다.

5 아랫줄 첫 번째 땀으로 바늘을 통과한 후 아랫줄 두 번째 땀에서 윗줄 첫 번째 땀으로 바늘을 넣습니다.

6 바늘을 통과시켜 실 모양을 잡아줍니다.

7 윗줄 두 번째 땀에서 아랫줄 두 번째 땀으로 바늘을 통과시킵니다.

8 위 아래 고리 부분 크기가 동일하도록 맞춥니다. 도안만큼 반복합니다.

9 윗줄 마지막 땀 아래쪽으로 바늘을 넣어 마무리하면 스파 스티치 완성입니다.

Stitch 28

길로시 스티치

러닝 스티치에 실을 걸어 만드는 스티치입니다. 러닝 스티치의 땀 크기가 작으면 걸기 어려우니 크기가 중요합니다. 움직이는 스티치인 만큼 걸어주는 실의 고리를 계속 정리해야 합니다.

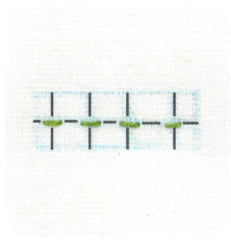

1 칸을 나눠 보조선을 그린 후 가로와 세로가 만나는 부분에 러닝 스티치(24p) 합니다.

2 왼쪽 상단에서 바늘을 빼서 첫 번째 땀을 실로 통과시킵니다.

3 두 번째 땀을 반대로 통과시킵니다.

4 지그재그로 반복합니다.

5 오른쪽 하단에서 바늘을 뺍니다.

6 첫 번째 걸어준 실과 반대가 되도록 지그재그로 실을 통과시킵니다.

7 도안 길이 만큼 반복한 후 왼쪽 하단으로 바늘을 넣으면 길로시 스티치 완성입니다.

페키니즈 스티치

백 스티치에 실을 동글동글하게 감는 스티치입니다. 백 스티치의 개수에 따라 동그란 모양의 개수가 정해집니다. 움직이는 스티치인 만큼 실을 정리하면서 수놓아야 더 깔끔합니다.

1. 도안 길이만큼 백 스티치(25p) 합니다.

2. 첫 번째 땀 아래에서 바늘을 뺍니다.

3. 두 번째 땀으로 바늘을 통과시킵니다.

4. 첫 번째 땀으로 돌아와 바늘을 통과시킵니다.

5. 실을 잡아당겨 모양을 잡아줍니다.

6. 실이 나온 위치에서 오른쪽으로 두 땀 이동한 후 바늘을 통과시킵니다.

7. 다시 왼쪽으로 한 땀 이동해 바늘을 통과시킵니다.

8. 백 스티치의 땀 수만큼 반복합니다.

9. 끝나는 지점에 바늘을 넣어 마무리하면 페키니즈 스티치 완성입니다.

Stitch 30

레이즈드 스템 밴드 스티치

기둥에 실을 감아 면을 채우는 스티치입니다. 실을 감는 방향을 동일하게 가는 것이 중요합니다. 1줄 완성 후 실을 정리하면서 수놓으면 더 깔끔하게 수놓을 수 있습니다.

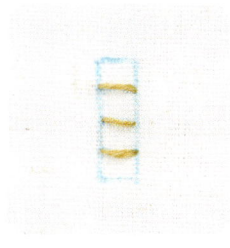

1 일정한 크기로 칸을 나눠 보조선을 그린 후 스트레이트 스티치 (23p)로 기둥을 만듭니다.

2 오른쪽 아래에서 실을 뺍니다.

3 바로 위의 첫 번째 기둥을 위에서 아래로 바늘을 통과하며 걸어 줍니다.

4 바늘을 빼서 실을 끝까지 당겨줍니다.

5 위 칸으로 실을 걸면서 이동합니다. 실은 한 쪽 방향으로 보냅니다.

6 도안의 윗부분으로 바늘을 넣어 1줄을 마무리합니다.

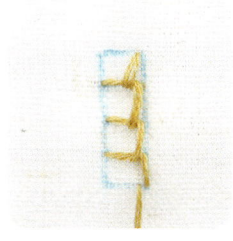

7 오른쪽 아래에서 시작합니다.

8 도안이 채워질 때까지 반복하면 레이즈드 스템 밴드 스티치 완성입니다.

Stitch 31

롱 앤 쇼트 스티치

큰 면을 채울 때 쓰는 스티치입니다. 보조선을 그리면 쉽게 수놓을 수 있습니다.
수가 비어 보이는 곳은 모양을 해치지 않는 선에서 한 땀씩 채워주어도 좋습니다.

1 도안을 균일하게 칸을 나눠 보조선을 그립니다.

2 왼쪽 시작점에서 바늘을 뺍니다.

3 첫 땀은 두 칸 길이 (긴 땀)로 스트레이트 스티치(23p) 합니다.

4 다시 시작점의 오른쪽으로 바늘을 뺍니다.

5 두 번째 땀은 한 칸 길이(짧은 땀)로 스트레이트 스티치 합니다.

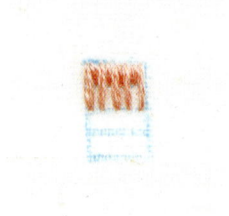
6 첫 줄은 긴 땀과 짧은 땀을 번갈아 가며 수놓습니다.

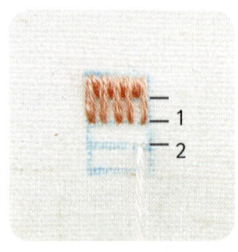
7 짧은 땀 기준에서 긴 땀 길이로 내려와 바늘을 뺍니다.

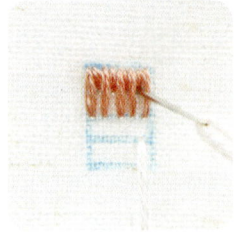
8 긴 땀 길이로 짧은 땀 부분으로 바늘을 넣습니다.

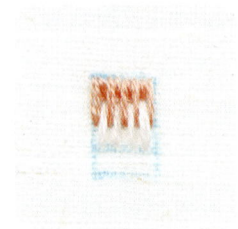
9 두 번째 줄부터는 동일하게 수놓아 면을 채웁니다.

10 긴 땀이 도안 끝에 올 때까지 반복합니다.

11 남은 부분은 짧은 땀으로 채우면 롱 앤 쇼트 스티치 완성입니다.

Stitch 32

위빙 스티치

바구니를 짜듯이 만드는 스티치입니다. 세로 방향의 기둥 개수는 면의 크기에 따라 달라집니다.
가로 방향으로 실을 걸어 이동할 때 1줄씩 정리하며 수놓으면 깔끔하게 수놓을 수 있습니다.

1 도안을 균일하게 나눠 보조선에 스트레이트 스티치(23p) 합니다.

2 스트레이트 스티치로 기둥을 만듭니다.

3 한쪽 끝에서 바늘을 빼서 실을 끝까지 뺍니다.

4 기둥을 하나씩 건너 뛰어 기둥 아래로 바늘을 통과시킵니다.

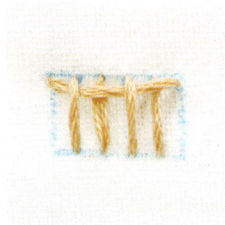

5 반대편 도안 끝으로 바늘을 넣습니다.

6 시작점으로 바늘을 빼서 윗줄과 반대가 되도록 기둥 아래로 바늘을 통과시킵니다.

7 반대편 도안 끝에서 바늘을 넣습니다.

8 도안 크기만큼 반복해 면을 채우면 위빙 스티치 완성입니다.

Stitch 33

블리온 스티치

바늘에 실을 돌돌 말아 만드는 스티치입니다. 입체적인 꽃을 수놓기에 좋으며 여러 개 수놓아 블리온 로즈 스티치를 만들 수도 있습니다. 개수와 위치에 따라 다양한 느낌을 낼 수 있습니다.

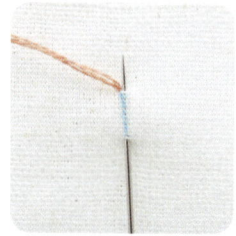

1 시작점에서 바늘을 뺍니다.

2 끝나는 지점에서 다시 시작점으로 천을 뜹니다.

3 바늘의 한쪽 끝만 천에서 빼내어 바늘을 세웁니다.

4 바늘 쪽에 붙은 실을 바늘에 감습니다.

5 실을 감은 횟수는 바늘을 눕혀 길이로 확인합니다.

6 실을 정리한 후 왼손으로는 실, 오른손으로 바늘을 잡고 바늘을 뺍니다.

7 바늘과 실을 끝까지 빼서 스티치를 정리합니다.

8 바늘을 끝나는 지점으로 넣으면 블리온 스티치 완성입니다.

•블리온 스티치로 블리온 로즈 스티치하는 방법•

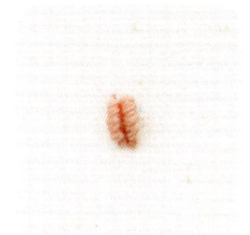

1 꽃의 중심이 되는 2개의 블리온 스티치를 만듭니다.

2 ①에서의 스티치를 감싸는 느낌으로 직선 길이보다 실을 더 감아 휘어지도록 만듭니다.

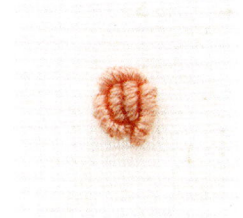

3 동일한 방법으로 감싸듯 수놓습니다.

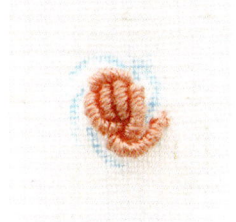

4 빙빙 돌아간 형태로 블리온 스티치를 수놓습니다.

5 감싸는 방향으로 이동하며 블리온 스티치를 하나씩 수놓습니다.

6 마지막 땀은 A에서 시작해 채웁니다.

7 전부 채우면 블리온 로즈 스티치 완성입니다.

설렘 가득한 동물원

PART 2

각양각색의 매력을 뽐내는 동물들이 있는 수노리랜드의 동물원입니다.
갈기를 세워 한껏 멋을 낸 사자, 나들이 가는 곰돌이, 뒤뚱뒤뚱 걷는 펭귄,
재주 많은 돌고래들이 당신을 기다리고 있습니다. 동물 친구들과 함께 놀다 보면
어느덧 멋진 프랑스 자수 작품이 완성될 거예요.
수노리랜드의 동물원 속 다양한 매력이 넘치는 동물들을 수놓아보세요.

01
One stitch

러닝 스티치로 만드는
동물 발자국

스티치에서 가장 기본이 되고 쉬운 스티치 중 하나인
러닝 스티치로 귀여운 발자국을 콩콩 수놓아보세요.

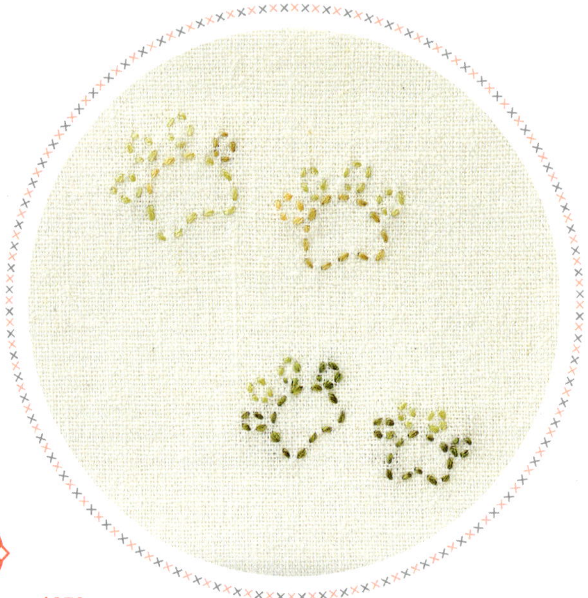

도안 미리보기

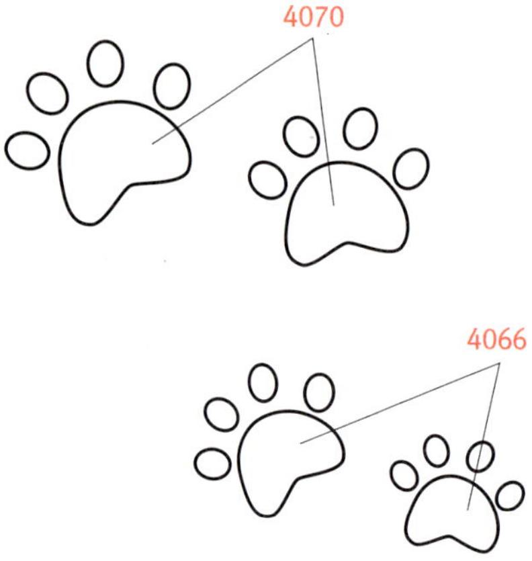

4070

4066

원단	하프리넨(워싱) 11수 백아이보리
실	DMC 25번사 4066, 4070
스티치	러닝 스티치

• 따로 표시가 없는 부분은 전부 3올 러닝 스티치 입니다. • 괄호 안의 숫자는 실 올 수 입니다. • 자수의 실제 도안은 별책부록 1p에 수록되어 있습니다.

동물 발자국 수놓기

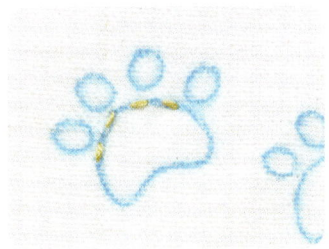

1 아래쪽의 발바닥 왼쪽부터 도안을 따라 러닝 스티치 합니다.

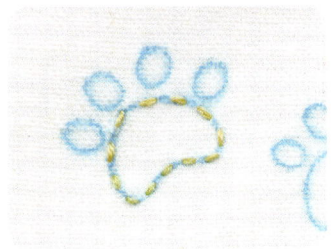

2 도안을 따라 러닝 스티치 합니다.

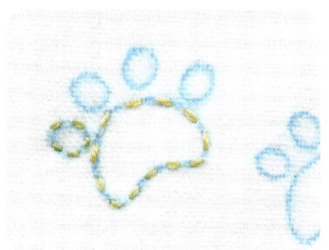

3 작은 발가락 도안을 따라 순서대로 수놓습니다.

4 걸어가는 흐름을 따라 발자국을 하나씩 만듭니다. 동물 발자국 완성입니다.

Stitch 02 ● 러닝 스티치 • 다시 보기 24p

백 스티치로 만드는
아기 코끼리

백 스티치로 만드는 귀여운 아기 코끼리입니다.
따스한 봄날 첫 나들이에 신난 발걸음처럼 한 땀 한 땀 수놓아보세요.

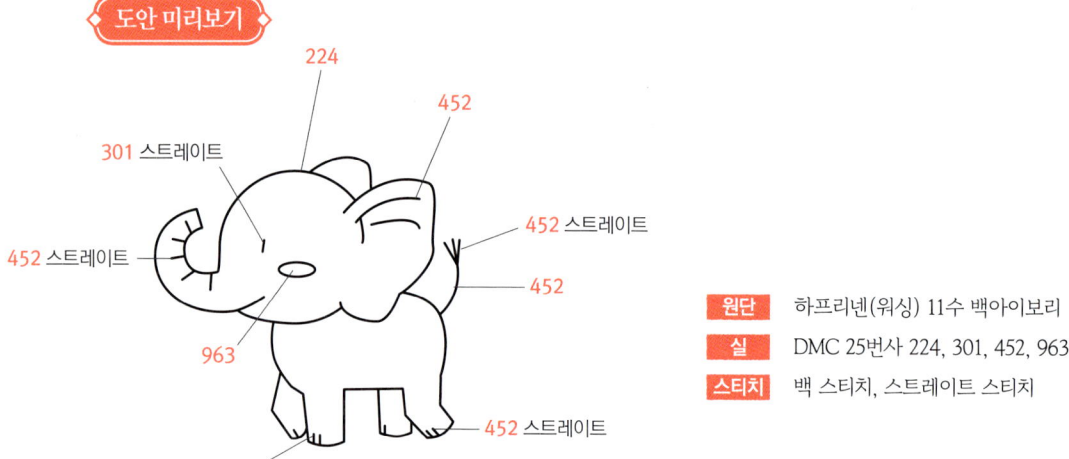

원단	하프리넨(워싱) 11수 백아이보리
실	DMC 25번사 224, 301, 452, 963
스티치	백 스티치, 스트레이트 스티치

• 따로 표시가 없는 부분은 전부 3올 백 스티치 입니다. • 괄호 안의 숫자는 실 올 수 입니다. • 자수의 실제 도안은 별책부록 1p에 수록되어 있습니다.

아기 코끼리 수놓기

1 얼굴 도안을 따라 입부터 머리 부분까지 백 스티치로 수놓습니다.

2 반대쪽에 있는 귀는 오른쪽에서 왼쪽으로 백 스티치 한 후 얼굴을 수놓습니다.

3 얼굴과 몸을 백 스티치로 수놓습니다.

4 귀 안쪽은 가로 선으로 먼저 백 스티치 한 후 나머지 부분을 수놓습니다.

5 코에 가로로 한 땀씩 선을 만듭니다.

6 볼은 백 스티치, 눈은 스트레이트 스티치로 한 땀 수놓습니다.

7 발 아랫부분에 스트레이트 스티치로 발톱을 만듭니다.

8 꼬리는 백 스티치로 수놓습니다. 꼬리 끝에 한 땀씩 세 땀으로 모양을 만들어 아기 코끼리를 완성합니다.

Stitch 03 백 스티치 • 다시 보기 25p

03
One stitch

아우트라인 스티치로 만드는
도토리를 든 다람쥐

아우트라인 스티치로 만드는 도토리를 든 다람쥐입니다.
동물 털 표현에 적합한 아우트라인 스티치로 풍성한 꼬리털을 가진 다람쥐를 수놓아보세요.

도안 미리보기

원단 하프리넨(워싱) 11수 백아이보리
실 DMC 25번사 780, 781, 839, 975, 3828
스티치 아우트라인 스티치, 스트레이트 스티치

• 따로 표시가 없는 부분은 전부 3올 아우트라인 스티치 입니다. • 괄호 안의 숫자는 실 올 수 입니다. • 자수의 실제 도안은 별책부록 1p에 수록되어 있습니다.

도토리를 든 다람쥐 수놓기

1. 몸통 도안을 따라 아우트라인 스티치로 수놓습니다.

2. 머리와 등의 무늬를 따라 아우트라인 스티치로 수놓습니다.

3. 귀 안쪽과 발 끝부분에 스트레이트 스티치로 무늬를 만듭니다.

4. 눈은 스트레이트 스티치, 입은 아우트라인 스티치로 수놓습니다.
   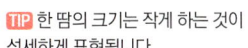
   TIP 한 땀의 크기는 작게 하는 것이 섬세하게 표현됩니다.

5. 도토리 아랫부분을 아우트라인 스티치로 채웁니다.

6. 동일한 방법으로 도토리 윗부분을 채운 후 스트레이트 스티치로 도토리의 꼭지를 만듭니다.

7. 꼬리는 가장 윗줄에서부터 실 색상에 맞게 무늬를 아우트라인 스티치로 만들어 다람쥐를 완성합니다.

Stitch 04 아우트라인 스티치 • 다시 보기 26p

04
One stitch

프렌치 넛 스티치로 만드는
복슬복슬 양

프렌치 넛 스티치로 만드는 복슬복슬한 양입니다.
볼륨감을 만들어주는 프렌치 넛 스티치로 동글동글한 털이 포근하게 느껴지는 하얀 양을 수놓아보세요.

도안 미리보기

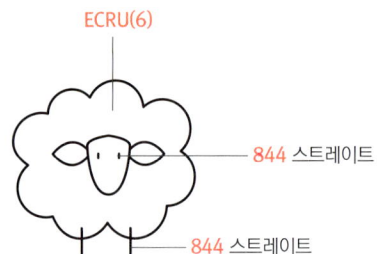

ECRU(6)
844 스트레이트
844 스트레이트

원단 하프리넨(워싱) 11수 백아이보리
실 DMC 25번사 ECRU, 844
스티치 프렌치 넛 스티치, 스트레이트 스티치

• 따로 표시가 없는 부분은 전부 3올 프렌치 넛 스티치 입니다. • 괄호 안의 숫자는 실 올 수 입니다. • 자수의 실제 도안은 별책부록 1p에 수록되어 있습니다.

복슬복슬 양 수놓기

1. 도안을 따라 양의 얼굴과 귀 부분을 프렌치 넛 스티치로 수놓습니다.

2. 겉 테두리 도안을 따라 모양에 주의하며 프렌치 넛 스티치로 수놓습니다.

3. 몸의 빈 공간은 프렌치 넛 스티치로 채웁니다. 눈과 다리는 스트레이트 스티치로 한 땀씩 만들어 양을 완성합니다.

Stitch 06 프렌치 넛 스티치 • 다시 보기 29p

멋쟁이 사자와
함께하는 사파리

수노리랜드 사파리에는 멋내기를 좋아하는 사자가 있어요.
뽀글뽀글 귀여운 헤어스타일로 사파리의 주인공을 담당하고 있지요.
멋진 헤어스타일의 사자와 함께 사파리의 동물친구들을 만나보세요.

원단 하프리넨(워싱) 11수 백아이보리
실 애플톤울사 304
DMC 25번사 19, 420, 435, 471, 535, 580, 610, 645, 646, 648, 734, 780, 834, 869, 977, 3045, 3051, 3346, 3347, 3781, 3826, 3828, 3863

스티치 페키니즈 스티치, 새틴 스티치, 스트레이트 스티치, 백 스티치, 아우트라인 스티치, 링 스티치, 체인 스티치, 피스틸 스티치

도안 미리보기

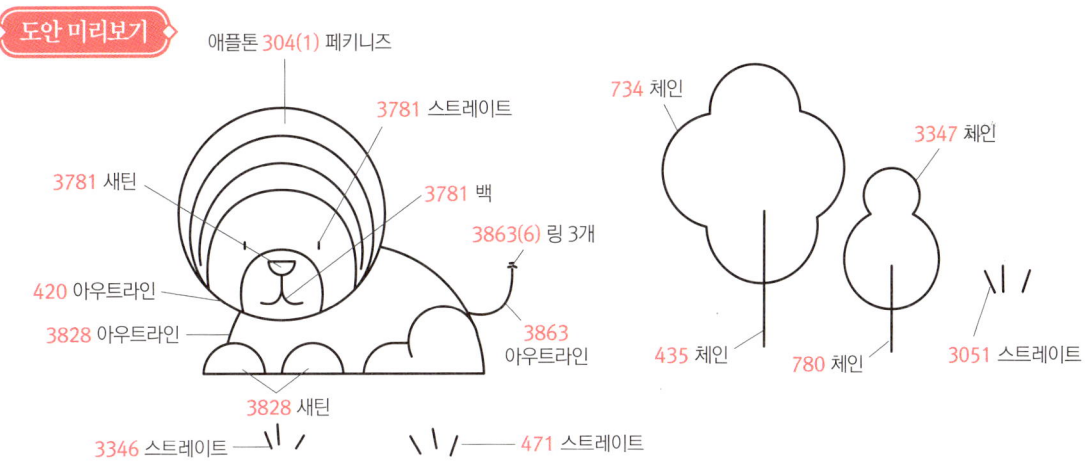

• 따로 표시가 없는 부분은 전부 3올 입니다. • 괄호 안의 숫자는 실 올 수 입니다. • 자수의 실제 도안은 별책부록 1p에 수록되어 있습니다.

사자 수놓기

1 사자의 얼굴 선을 따라 페키니즈 스티치로 수놓습니다.

2 ①의 자수 부분을 덮는 방식으로 페키니즈 스티치를 2줄 더 합니다.

3 코는 대칭을 맞춰 새틴 스티치 합니다.

4 코에서 입 쪽으로 한 땀을 스트레이트 스티치 합니다.

5 입은 한 쪽 방향부터 백 스티치로 채웁니다.

6 반대 방향도 대칭에 주의하며 백 스티치로 수놓습니다.

7 얼굴은 아웃트라인 스티치로 수놓습니다.

8 눈은 한 땀씩 대칭을 맞춰 스트레이트 스티치 합니다.

9 발은 새틴 스티치로 수놓습니다.

10 몸과 꼬리는 아우트라인 스티치로 수놓습니다.

11 꼬리털은 링 스티치를 3번해 잘라 만들면 사자 완성입니다.
   TIP 더 풍성한 꼬리를 원할 경우 링 스티치의 개수를 늘립니다.

나무 수놓기

1 나무 기둥은 세로 방향으로 체인 스티치 합니다.

2 왼쪽에서 시작해 도안을 따라 체인 스티치로 수놓습니다.

3 모양에 주의하며 마무리하면 나무 완성입니다. 다른 나무도 동일한 방법으로 수놓습니다.

기린 수놓기

1 기린의 무늬는 새틴 스티치로 수놓습니다.

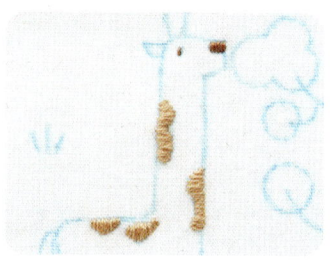

2 눈은 스트레이트 스티치, 코는 새틴 스티치로 수놓습니다.

3 몸 도안을 따라 아웃라인 스티치로 수놓습니다.

4 귀와 꼬리는 아웃라인 스티치, 뿔은 피스틸 스티치로 만듭니다.

5 다리 끝부분에 가로 방향 새틴 스티치로 수놓습니다.

6 꼬리는 링 스티치를 2번해 수놓습니다. 풍성한 꼬리털을 원할 경우 링 스티치 개수를 늘려도 좋습니다.

7 가위로 링 스티치를 잘라 다듬으면 기린 완성입니다.

조랑말 수놓기

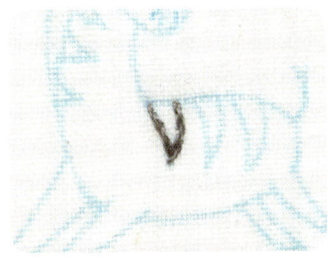

1. 조랑말 무늬를 따라 아우트라인 스티치로 수놓습니다.

2. 무늬 안쪽을 아우트라인 스티치로 채웁니다.

3. 동일한 방법으로 다른 무늬 부분도 수놓습니다.

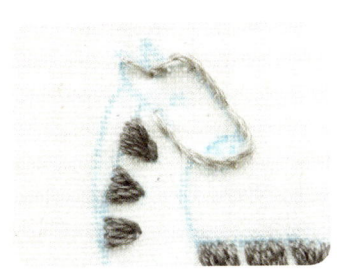

4. 머리 부분을 아우트라인 스티치로, 귀는 백 스티치로 수놓습니다.

5. 나머지 몸 부분도 아우트라인 스티치 합니다.

6. 발 끝부분은 가로 방향 새틴 스티치로 수놓습니다.

7. 눈과 코 부분은 백 스티치, 콧구멍은 스트레이트 스티치로 수놓습니다.

8. 목 라인을 따라 링 스티치로 1줄 수놓습니다.

9. 링 스티치를 가위로 잘라 다듬고 꼬리도 동일하게 수놓으면 조랑말 완성입니다.

꽃을 좋아하는
화관 쓴 동물들

꽃을 좋아하는 세 마리의 동물들이 머리에 예쁜 화관을 썼어요.
이 친구들이 꽃길만 걷기를 바라며 화관을 쓴 동물을 함께 수놓아보세요.

도안 미리보기

- **원단** 하프리넨(워싱) 11수 핑크
- **실** DMC 25번사 BLANC, 472, 581, 722, 744, 819, 922, 3779, 3856, 3862
- **스티치** 백 스티치, 아우트라인 스티치, 새틴 스티치, 스트레이트 스티치, 레이지 데이지 스티치, 프렌치 넛 스티치

• 따로 표시가 없는 부분은 전부 3올 입니다. • 괄호 안의 숫자는 실 올 수 입니다.
• 같은 도형이 그려진 부분은 동일한 컬러와 스티치 입니다. • 자수의 실제 도안은 별책부록 2p에 수록되어 있습니다.

- **원단** 하프리넨(워싱) 11수 스킨베이지
- **실** DMC 25번사 210, 211, 420, 422, 435, 744, 3727, 3781, 3826
- **스티치** 백 스티치, 새틴 스티치, 레이지 데이지 스티치, 프렌치 넛 스티치, 링 스티치

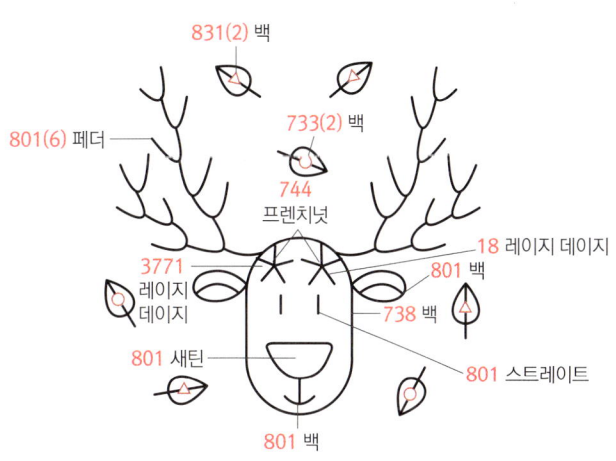

- **원단** 하프리넨(워싱) 11수 내츄럴
- **실** DMC 25번사 18, 733, 738, 744, 801, 831, 3771
- **스티치** 백 스티치, 새틴 스티치, 스트레이트 스티치, 레이지 데이지 스티치, 프렌치 넛 스티치, 페더 스티치

화관 쓴 토끼 수놓기

1. 도안을 따라 얼굴 부분을 백 스티치로 수놓습니다.

2. 귀는 아우트라인 스티치로 수놓습니다. 테두리 먼저 수놓은 후 한쪽 면을 채웁니다.

3. 반대편 귀도 동일한 방법으로 수놓습니다.

4. 코는 새틴 스티치로 수놓습니다.

5. 입은 한쪽부터 백 스티치로 만듭니다.

6. 대칭에 주의하며 반대편 모양을 만듭니다.

7. 눈은 백 스티치로 수놓습니다.

8. 속눈썹은 스트레이트 스티치로 한 땀씩 모양을 만듭니다.

9. 반대편도 동일한 방법으로 수놓습니다.

10 머리 위 화관은 레이지 데이지 스티치 후 프렌치 넛 스티치로 수놓습니다.

11 화관의 나머지 꽃도 채웁니다.

12 당근은 가로 방향 새틴 스티치로 수놓습니다.

13 줄기는 스트레이트 스티치 2줄로 만듭니다.

14 잎은 프렌치 넛 스티치로 만듭니다.

15 나머지 당근도 동일한 방법으로 마무리하면 화관 쓴 토끼 완성입니다.

화관 쓴 사자 수놓기

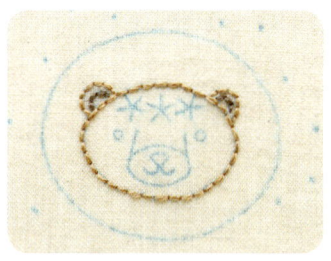

1 도안을 따라 얼굴과 귀 부분을 백 스티치로 수놓습니다.

2 코는 대칭에 주의하며 새틴 스티치로 수놓습니다.

3 입은 왼쪽부터 백 스티치로 수놓습니다.

4 대칭에 주의하며 백 스티치로 입을 완성합니다.

5 백 스티치로 형태에 주의하며 얼굴을 수놓습니다.

6 눈은 새틴 스티치로 수놓습니다.

7 머리의 꽃은 가운데부터 만듭니다. 레이지 데이지 스티치 후 프렌치 넛 스티치 합니다.

8 나머지 꽃도 동일하게 만듭니다.

9 얼굴과 귀 라인을 따라 링 스티치 합니다.

10 끝을 가위로 잘라 길이를 다듬습니다.

11 배경에 프렌치 넛 스티치로 수놓으면 화관 쓴 사자 완성입니다.

화관 쓴 사슴 수놓기

1 도안을 따라 얼굴과 귀 부분을 백 스티치로 수놓습니다.

2 코는 대칭에 주의하며 세로 방향 새틴 스티치로 수놓습니다.

3 입은 세로 방향 스트레이트 스티치로 한 땀 수놓습니다.

4 대칭에 주의하며 입을 완성합니다.

5 눈은 스트레이트 스티치로 한 땀씩 모양을 만듭니다.

6 머리 위 화관은 레이지 데이지 스티치 후 프렌치 넛 스티치로 만듭니다.

7 뿔은 긴 뿔부터 페더 스티치로 수놓습니다.

8 짧은 뿔도 페더 스티치로 수놓습니다.

9 마지막 페더 스티치 한 땀은 긴 뿔과 연결하여 수놓습니다.

10 뿔의 마무리가 사슴 얼굴에 붙도록 바늘을 넣어 마무리합니다.

11 반대편 뿔도 동일한 방법으로 수놓습니다.

12 잎은 테두리부터 백 스티치로 수놓습니다.

13 가운데 선을 따라 백 스티치로 수놓아 완성합니다.

14 다른 잎들도 동일한 방법으로 수놓으면 화관 쓴 사슴 완성입니다.

봄날의 행복한 시간
곰들의 소풍

따스한 봄날, 귀여운 곰 두 마리가 함께 손을 잡고 소풍을 떠났어요.
둘만의 행복한 나들이에 사랑의 하트도 피어나네요.
숲 속의 꽃과 식물들도 곰들의 즐거운 소풍을 축하하고 있답니다.

원단 하프리넨(워싱) 11수 백아이보리
실 DMC 25번사 21, 733, 918, 977, 987, 3013, 3052, 3855

스티치 스트레이트 스티치, 플라이 스티치, 체인 스티치, 프렌치 넛 스티치, 아우트라인 스티치, 새틴 스티치

도안 미리보기

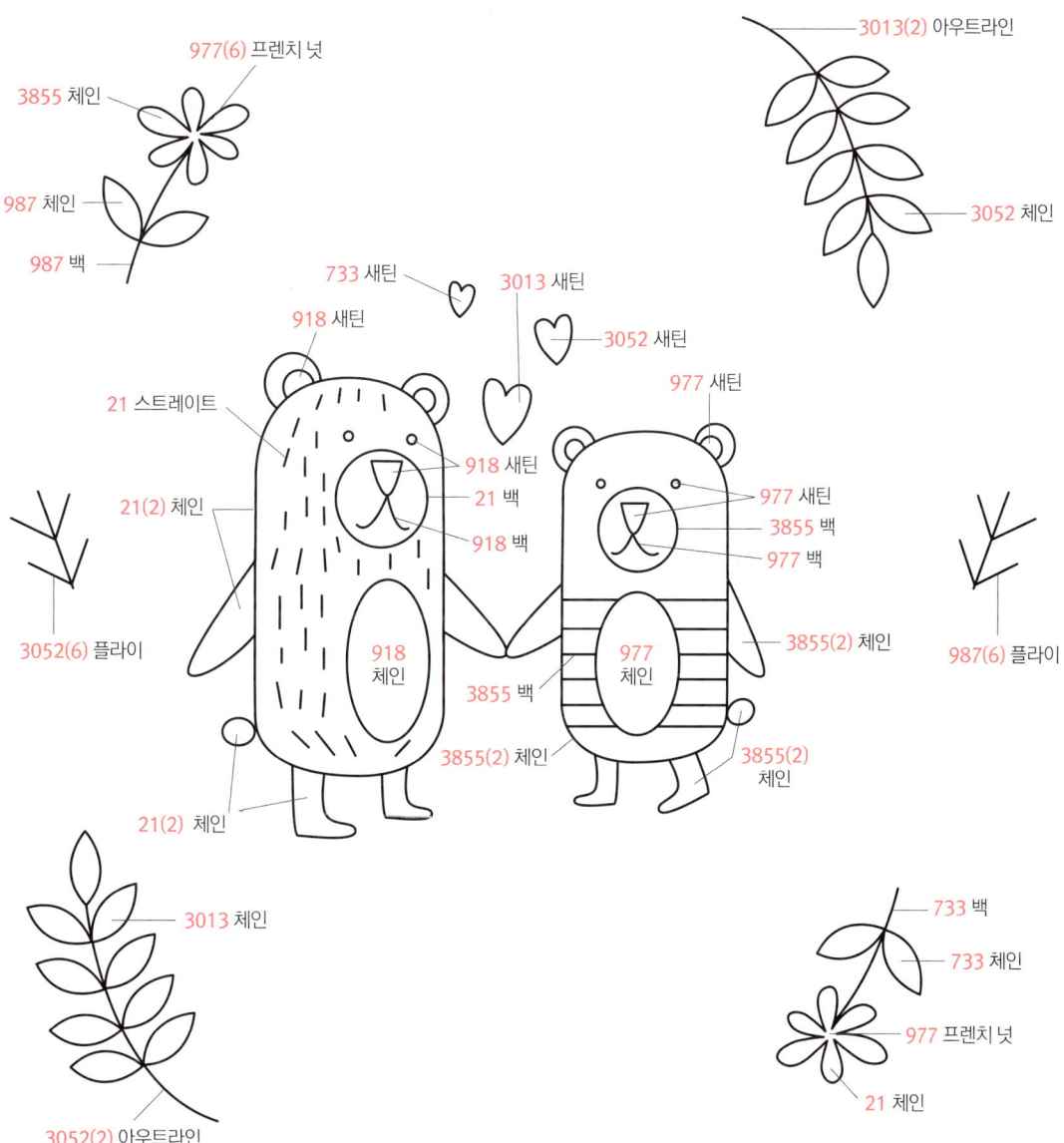

• 따로 표시가 없는 부분은 전부 3올 입니다. • 괄호 안의 숫자는 실 올 수 입니다. • 자수의 실제 도안은 별책부록 2p에 수록되어 있습니다.

풀 수놓기

1 가운데에 스트레이트 스티치를 한 땀 수놓습니다.

2 왼쪽으로 나와 플라이 스티치 합니다.

3 플라이 스티치를 2번 반복한 후 마무리하면 풀 완성입니다.

이파리 수놓기

1 줄기 부분을 아우트라인 스티치로 수놓습니다.

2 잎은 평평한 곳에서 체인 스티치를 시작합니다.

3 테두리 선을 따라 모양에 주의하며 수놓습니다.

4 안 쪽 빈 공간을 체인 스티치 1줄로 수놓아 채웁니다.

5 다른 잎도 반복해 마무리하면 이파리 완성입니다.

꽃 수놓기

1　왼쪽에서 시작해 체인 스티치로 수놓습니다.

2　나머지 꽃잎들도 반복해 수놓습니다.

3　꽃잎 가운데에 프렌치 넛 스티치로 수놓습니다.

4　줄기는 백 스티치로 만듭니다.

5　잎은 테두리 선을 따라 모양에 주의하며 체인 스티치로 수놓습니다.

6　빈 공간을 체인 스티치로 채운 후 나머지 잎도 수놓으면 꽃 완성입니다.

하트 수놓기

1　좌우대칭인 하트는 새틴 스티치를 가운데에서 시작해 왼쪽으로 수놓습니다.

2　왼쪽 끝까지 수놓은 후 다시 가운데로 돌아와 반대편을 채우면 하트 완성입니다.

빨간 곰 수놓기

1 귀 안은 새틴 스티치로 수놓습니다.

2 귀를 감싸듯이 체인 스티치로 수놓습니다. 곰의 왼쪽 귀는 1줄, 오른쪽 귀는 2줄로 수놓습니다.

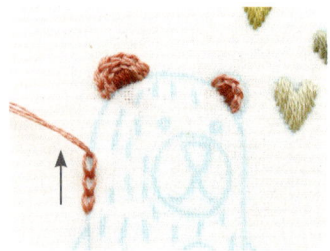

3 평평한 부분에서 체인 스티치를 시작합니다.

4 몸 도안을 따라 체인 스티치로 수놓습니다. 코는 가로 방향 새틴 스티치로 수놓습니다.

5 입은 대칭에 주의하며 백 스티치로 수놓습니다. 한쪽부터 완성한 후 반대편을 수놓습니다.

6 입 주변은 백 스티치로 만듭니다.

7 눈은 세로 방향 새틴 스티치로 수놓습니다.

8 배는 체인 스티치로 테두리부터 수놓습니다.

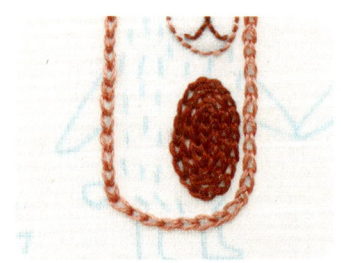

9 안쪽은 체인 스티치로 점점 작은 동그라미를 만들어 채웁니다.

10 몸의 무늬는 스트레이트 스티치로 위에서부터 아래로 이동하며 수놓습니다.

11 팔, 다리, 꼬리는 테두리부터 체인 스티치로 수놓습니다.

12 나머지 부분도 동일한 방법으로 수놓습니다. 안쪽을 체인 스티치로 채우면 빨간 곰 완성입니다.

노란 곰 수놓기

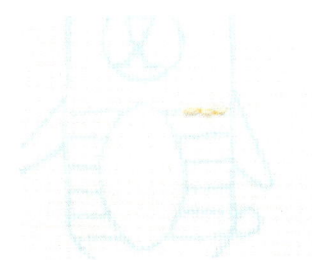 

1 몸의 무늬 부분을 제외한 나머지는 빨간 곰과 수놓는 방법은 동일합니다. 몸의 무늬 부분은 가로 방향의 백 스티치로 수놓습니다.

2 나머지 부분도 동일하게 백 스티치로 만들면 노란 곰 완성입니다.

오늘도 귀여운 펭귄 삼총사
뒤뚱뒤뚱 펭귄의 낚시터

머릿속이 물고기 생각으로 가득 찬 펭귄 친구들.
월척을 기대하며 얼음 낚시 중입니다. 어떤 물고기가 잡힐지 궁금하네요.
추운지 빨간 목도리를 하고 물고기를 기다리는 펭귄도 있네요.

원단 하프리넨(워싱) 11수 백아이보리
실 DMC 25번사 1, 4, 413, 598, 783, 809, 930, 939, 972, 3328, 3766, 3824, 3863

스티치 스플릿 스티치, 새틴 스티치, 스트레이트 스티치, 레이지 데이지 스티치, 백 스티치, 아웃트라인 스티치, 체인 스티치

◆ 도안 미리보기

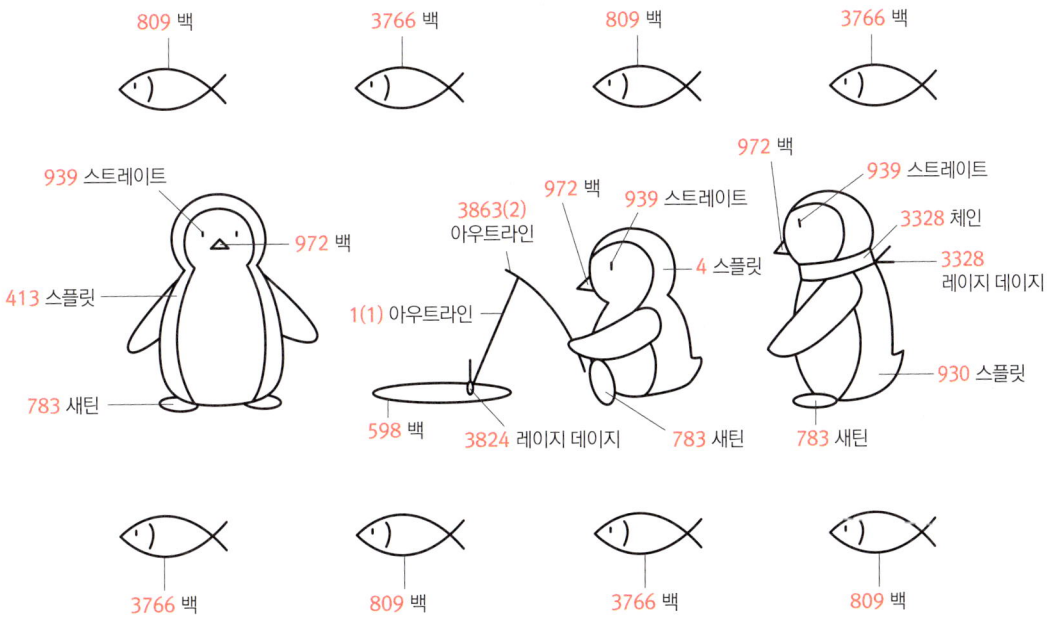

• 따로 표시가 없는 부분은 전부 3올 입니다. • 괄호 안의 숫자는 실 올 수 입니다. • 자수의 실제 도안은 별책부록 3p에 수록되어 있습니다.

앞을 보고 있는 펭귄 수놓기

1 각진 부분에서 스플릿 스티치를 시작합니다.

2 몸 도안을 따라 모양에 주의하며 스플릿 스티치로 수놓습니다.

3 스플릿 스티치를 2줄 반복해 수놓습니다.

4 날개는 테두리 먼저 스플릿 스티치로 수놓습니다. 곡선 부분에서는 스티치의 크기를 작게 해 섬세하게 수놓습니다.

5 안쪽 부분을 스플릿 스티치로 채웁니다. 반대편도 똑같이 반복합니다.

6 발은 세로 방향 새틴 스티치로 수놓습니다.

7 입은 가로 방향으로 스트레이트 스티치 합니다.

8 대각선으로 스트레이트 스티치해 입모양을 만듭니다.

9 눈은 한 땀씩 대칭을 맞춰 수놓으면 앞을 보고 있는 펭귄 완성입니다.

빨간 목도리 펭귄 수놓기

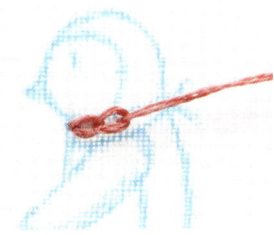

1 목도리의 왼쪽에서 체인 스티치를 시작합니다. 체인 스티치를 가로 방향으로 2줄 수놓습니다.

2 목도리의 끝은 레이지 데이지 스티치 합니다.

3 날개는 테두리부터 스플릿 스티치로 수놓습니다.

4 날개 안을 스플릿 스티치로 채웁니다.

5 몸 도안을 따라 스플릿 스티치로 수놓습니다.

6 몸통은 세로 방향 스플릿 스티치로 채웁니다.

7 발은 세로 방향 새틴 스티치로 수놓습니다.

8 입은 스트레이트 스티치로 모양을 잡습니다.

9 눈은 스트레이트 스티치로 한 땀 수놓으면 빨간 목도리 펭귄 완성입니다.

낚시하는 펭귄 수놓기

1 날개는 테두리부터 스플릿 스티치로 수놓습니다.

2 팔의 안을 스플릿 스티치로 채웁니다.

3 몸 도안을 따라 스플릿 스티치로 수놓습니다.

4 몸통은 세로 방향 스플릿 스티치로 채웁니다.

5 발은 가로 방향 새틴 스티치로 수놓습니다.

6 입은 스트레이트 스티치로 모양을 잡습니다.

7 눈은 스트레이트 스티치 한 땀으로 만듭니다.

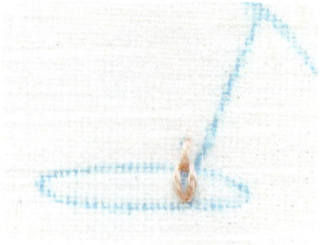

8 낚시찌는 레이지 데이지 스티치로 만듭니다.

9 얼음 구멍을 백 스티치로 수놓습니다.

10 낚시줄은 아우트라인 스티치로 수놓습니다.

11 낚시대를 아우트라인 스티치로 수놓으면 낚시하는 펭귄 완성입니다.

물고기 수놓기

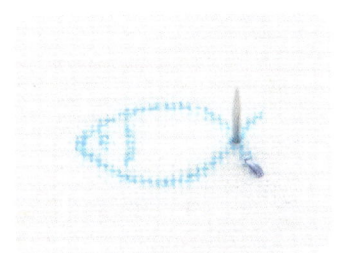

1 꼬리 아래쪽부터 백 스티치를 시작합니다.

2 도안을 따라 백 스티치로 수놓습니다.

3 아가미는 백 스티치, 눈은 스트레이트 스티치로 수놓으면 물고기 완성입니다.

돌고래와 물개의
멋진 쇼

귀여운 재주가 가득한 돌고래와 물개가 멋진 쇼를 보여주고 있어요.
수놓는 천을 다른 색으로 사용한다면 색다른 돌고래와 물개를 만날 수도 있지요.
나만의 돌고래와 물개를 수놓아보세요.

원단 하프리넨(워싱) 11수 백아이보리
실 DMC 25번사 4, 19, 20, 535, 597, 794, 800, 930, 932, 977, 3325, 3348, 3753, 3776, 3781, 3825, 3863, 4020, 4040,

스티치 아우트라인 스티치, 스트레이트 스티치, 백 스티치, 체인 스티치, 코럴 스티치, 러닝 스티치, 새틴 스티치, 스플릿 스티치, 립드 스파이더 웹 스티치

도안 미리보기

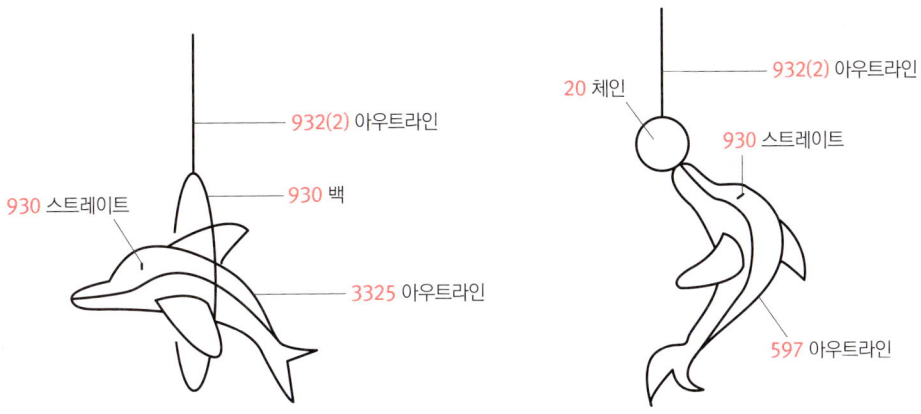

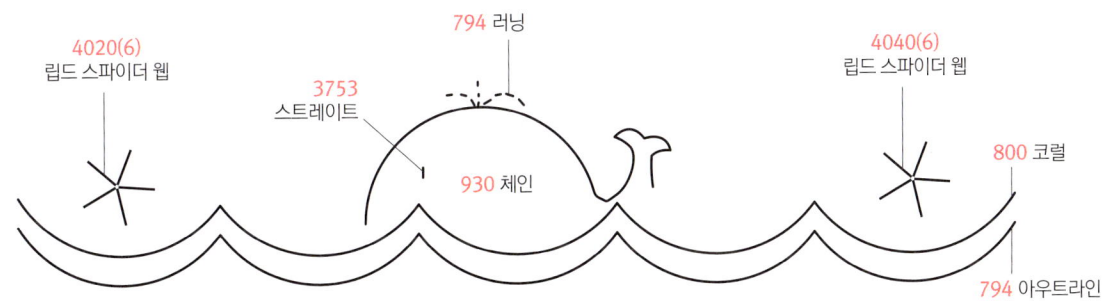

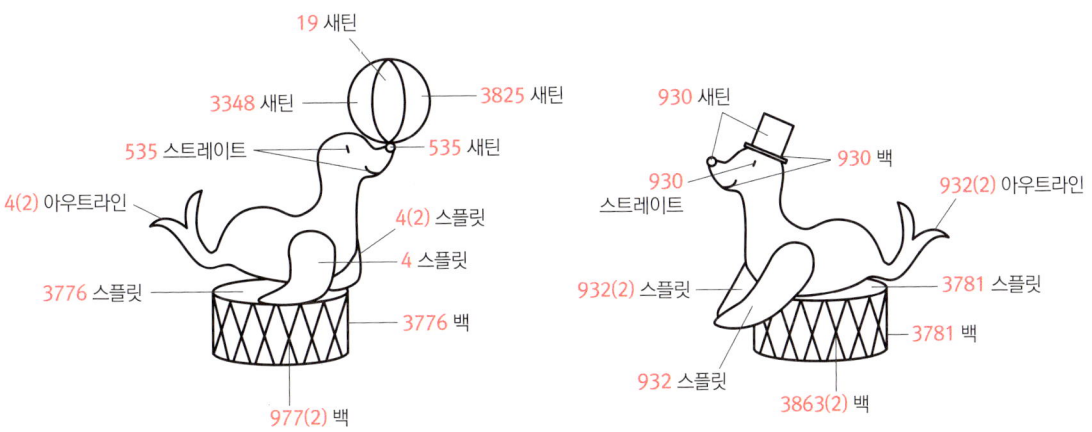

• 따로 표시가 없는 부분은 전부 3올 입니다. • 괄호 안의 숫자는 실 올 수 입니다. • 자수의 실제 도안은 별책부록 3p에 수록되어 있습니다.

돌고래 수놓기

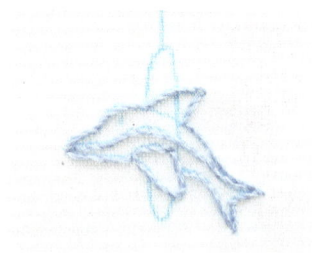
1 돌고래 도안선을 아우트라인 스티치로 수놓습니다.

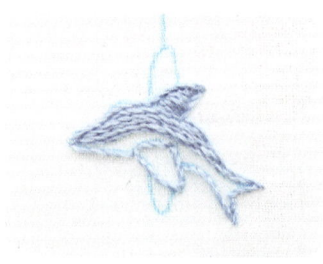
2 위쪽 면만 아우트라인 스티치로 채웁니다.

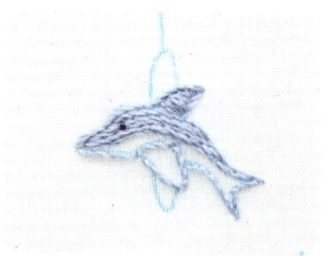
3 눈은 스트레이트 스티치로 만듭니다.

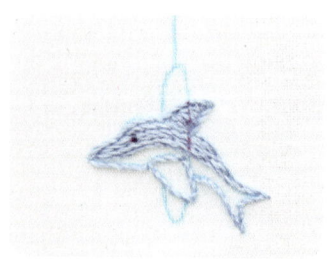
4 고리로 수놓을 부분을 펜으로 표시합니다.

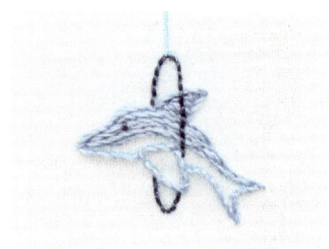
5 고리는 백 스티치로 수놓습니다.

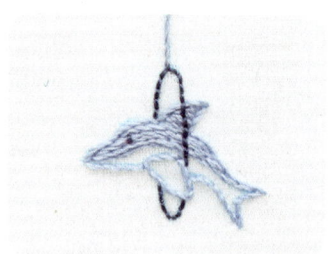
6 고리를 연결하는 줄을 아우트라인 스티치로 수놓으면 돌고래 완성입니다.

공 수놓기

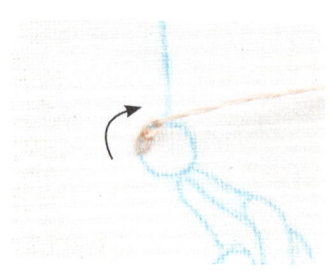
1 평평한 곳에서 체인 스티치를 시작합니다.

2 테두리 선을 따라 둥글게 수놓습니다.

3 안쪽에 체인 스티치를 반복해 채우면 공 완성입니다.

고래 수놓기

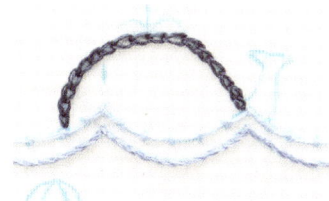

1 물결 부분은 코럴 스티치와 아우트라인 스티치로 수놓은 후 고래 등을 따라 체인 스티치 합니다.

2 안쪽을 체인 스티치로 채웁니다.

3 꼬리 부분도 동일하게 채웁니다.

4 물방울은 러닝 스티치로 수놓습니다.

5 눈은 스트레이트 스티치로 한 땀 만들면 고래 완성입니다.

TIP 불가사리는 립드 스파이더 웹 스티치 합니다.

물개 수놓기

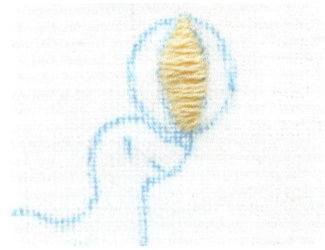

1 공의 가운데 부분부터 가로 방향 새틴 스티치로 수놓습니다.

2 공의 나머지 부분도 가로 방향 새틴 스티치로 채웁니다.

3 다리는 테두리를 따라 먼저 스플릿 스티치로 수놓습니다.

4 세로 방향 스플릿 스티치로 안쪽을 채웁니다.

5 코는 새틴 스티치, 눈은 스트레이트 스티치, 입은 백 스티치로 만듭니다.

6 몸은 도안을 따라 아우트라인 스티치로 수놓습니다.

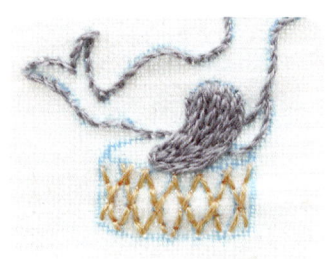

7 받침대의 무늬를 백 스티치로 만듭니다.

8 받침대를 백 스티치로 수놓습니다.

9 윗면 안쪽은 스플릿 스티치로 채우면 물개 완성입니다.

모자 수놓기

1. 가로 방향의 새틴 스티치로 수놓습니다.

2. 모자 끝부분은 백 스티치로 1줄 수놓으면 모자 완성입니다.

   TIP 모자 쓴 물개는 물개 수놓기와 동일한 방법으로 수놓아 완성합니다.

두근두근 신나는 놀이동산

PART 3 ×××××××××××××××××××××××××××××

콩닥콩닥 가슴을 뛰게 하는 수노리랜드의 놀이기구들 입니다.
무서운 놀이기구를 타지 못하는 사람도 수노리랜드에서는 마음껏 즐길 수 있습니다.
팡 하고 터지는 불꽃놀이부터 하늘을 훨훨 날아가는 열기구까지
나의 첫 놀이동산 자수 속 다양한 놀이기구를 수놓아보세요.

05
One stitch

피스틸 스티치로 만드는
불꽃놀이

피스틸 스티치로 만드는 불꽃놀이입니다. 스트레이트 스티치와 프렌치 넛 스티치를 한번에 할 수 있는 피스틸 스티치로 놀이동산의 화려한 불꽃을 수놓아보세요.

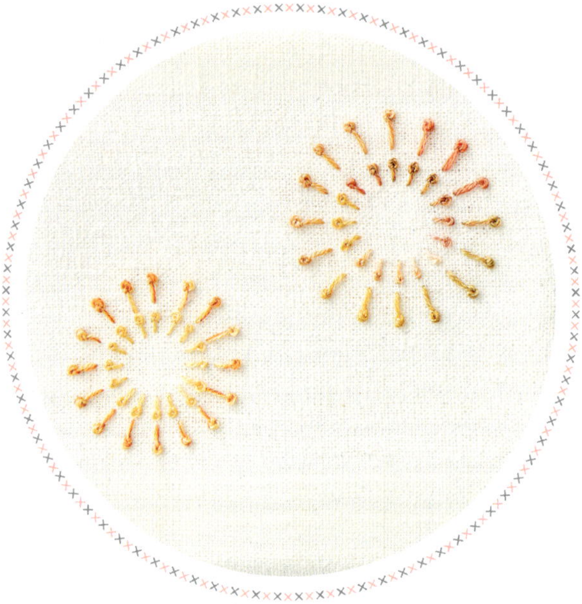

725(2)+721(1)

4126(2)

4126

725(2)

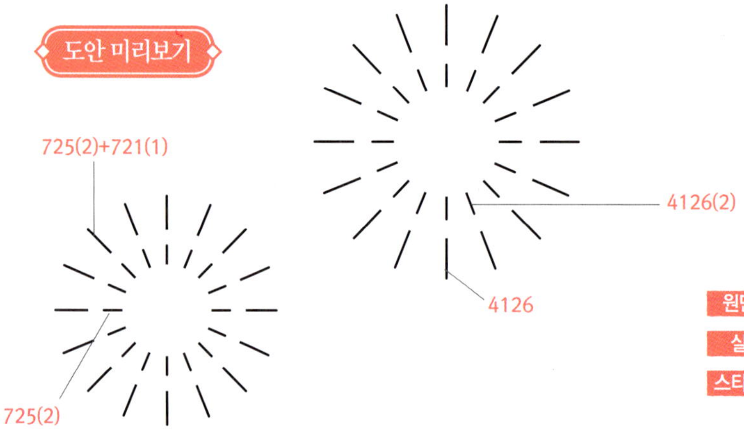

원단	하프리넨(워싱) 11수 백아이보리
실	DMC 25번사 721, 725, 4126
스티치	피스틸 스티치

• 따로 표시가 없는 부분은 전부 3올 피스틸 스티치 입니다. • 괄호 안의 숫자는 실 올 수 입니다. • 자수의 실제 도안은 별책부록 4p에 수록되어 있습니다.

불꽃놀이 수놓기

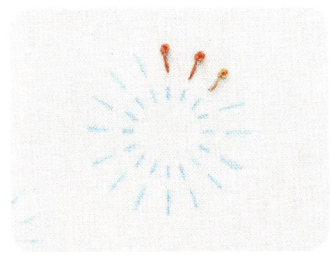 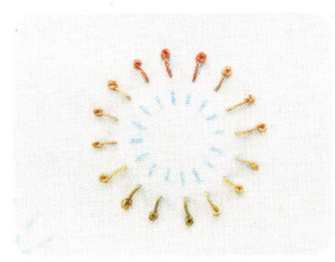 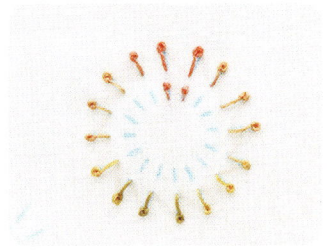

1 가운데에서 시작하여 시계 방향으로 하나씩 피스틸 스티치로 수놓습니다.

2 바깥의 선을 전부 피스틸 스티치로 채웁니다.

3 안쪽도 바깥과 동일한 방법으로 시계 방향 피스틸 스티치로 수놓습니다.

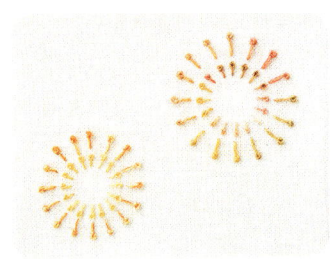

4 도안의 선을 하나씩 채우면 불꽃놀이 완성입니다.

Stitch 07　피스틸 스티치　• 다시 보기 29p

06
One stitch

새틴 스티치로 만드는
작은 궁전

새틴 스티치로 만드는 작은 궁전입니다.
궁전의 벽돌을 채우기 좋은 새틴 스티치로 수놓아보세요.

도안 미리보기

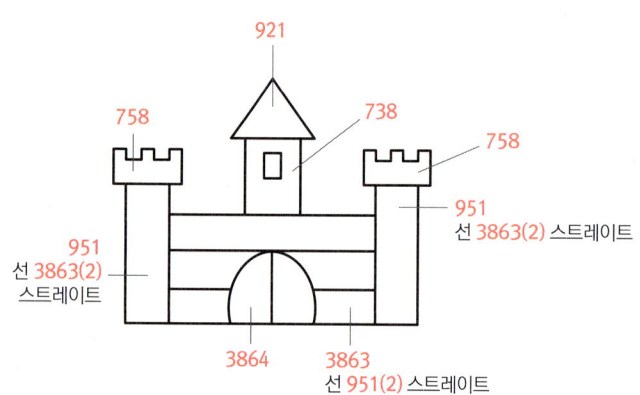

원단	하프리넨(워싱) 11수 백아이보리
실	DMC 25번사 738, 758, 921, 951, 3863, 3864
스티치	새틴 스티치, 스트레이트 스티치

• 따로 표시가 없는 부분은 전부 3올 새틴 스티치 입니다. • 괄호 안의 숫자는 실 올 수 입니다. • 자수의 실제 도안은 별책부록 4p에 수록되어 있습니다.

작은 궁전 수놓기

1 궁전의 꼭대기 부분은 세로 방향 새틴 스티치 합니다.

2 창문 부분은 짧은 땀으로 구간을 나눠 수놓습니다.

3 문은 반으로 나눠 가로 방향 새틴 스티치 합니다.

4 벽은 한 칸씩 세로 방향 새틴 스티치로 수놓습니다.

5 나머지 부분도 동일한 방법으로 채웁니다.

6 벽의 중간중간에 스트레이트 스티치로 선을 넣습니다.

7 위쪽은 세로 방향, 아래쪽은 가로 방향 새틴 스티치합니다.

8 중간중간 가로 방향 스트레이트 스티치로 벽돌을 표현하는 선을 넣습니다.

9 반대편도 동일하게 수놓아 궁전을 완성합니다.

Stitch 10 새틴 스티치 • 다시 보기 32p

07
One stitch

체인 스티치로 만드는
커피잔 놀이기구

동글동글 빙글빙글 돌아가는 커피잔 놀이기구입니다.
선과 면으로 표현 가능한 체인 스티치로 커피잔 놀이기구를 수놓아보세요.

도안 미리보기

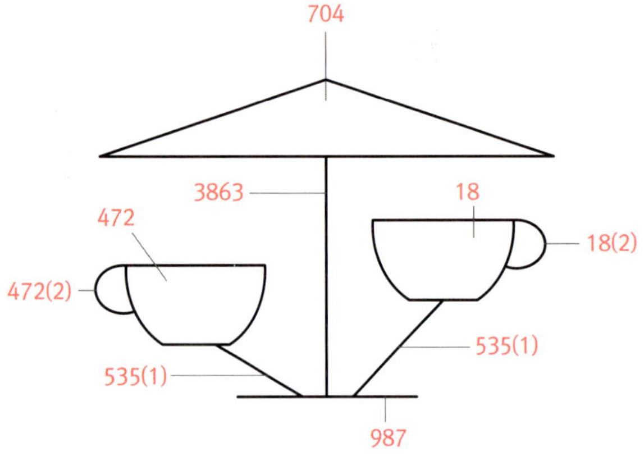

704
3863
18
472   18(2)
472(2)
535(1)
535(1)
987

원단	하프리넨(워싱) 11수 백아이보리
실	18, 472, 535, 704, 987, 3863
스티치	체인 스티치

• 따로 표시가 없는 부분은 전부 3올 체인 스티치 입니다. • 괄호 안의 숫자는 실 올 수 입니다. • 자수의 실제 도안은 별책부록 4p에 수록되어 있습니다.

커피잔 놀이기구 수놓기

1 평평한 곳에서 시작해 체인 스티치로 수놓습니다.

2 커피잔의 손잡이 부분을 체인 스티치로 수놓습니다.

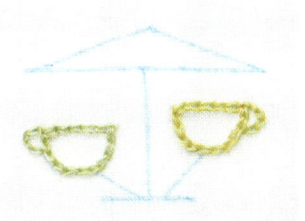

3 반대편도 동일한 방법으로 만듭니다.

4 받침과 커피잔의 연결선을 체인 스티치로 수놓습니다.

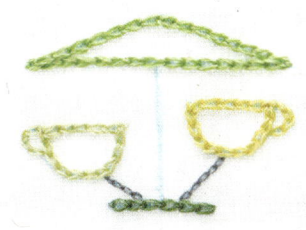

5 지붕의 테두리를 수놓습니다.

6 지붕의 안쪽을 체인 스티치로 채웁니다.

7 지붕과 받침을 이어주는 기둥을 체인 스티치로 연결하면 커피잔 놀이기구 완성입니다.

Stitch 20　체인 스티치 ● 다시 보기 42p

카우칭 스티치로 만드는
빙글빙글 롤리팝

카우칭 스티치로 만든 롤리팝 사탕입니다. 자유로운 선과 실의 색을 달리하여
알록달록하게 만들 수 있는 카우칭 스티치로 롤리팝을 수놓아보세요.

도안 미리보기

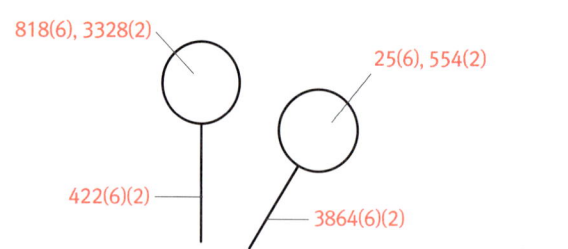

818(6), 3328(2)
25(6), 554(2)
422(6)(2)
3864(6)(2)

원단	하프리넨(워싱) 11수 백아이보리
실	DMC 25번사 25, 422, 554, 818, 3328, 3864
스티치	카우칭 스티치

• 따로 표시가 없는 부분은 전부 3올 카우칭 스티치 입니다. • 괄호 안의 숫자는 실 올 수 입니다. • 자수의 실제 도안은 별책부록 4p에 수록되어 있습니다.

빙글빙글 롤리팝 수놓기

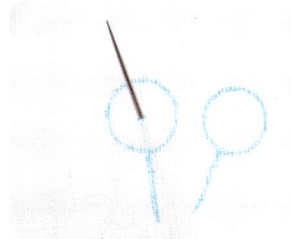

1 원의 중심에서 선으로 만들 실의 바늘을 뺍니다.

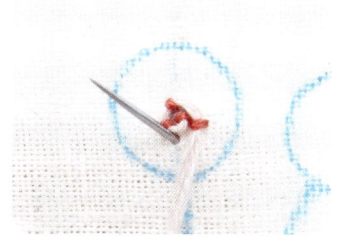

2 선으로 만드는 실을 둥글게 감아주며 고정하는 실로 모양을 잡습니다.

3 모양에 주의하며 한 땀씩 고정합니다.

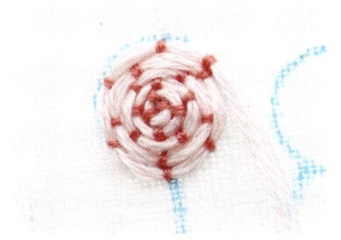

4 원하는 크기가 될 때까지 반복합니다.

5 롤리팝의 끝에서 안쪽으로 바늘을 넣어 마무리합니다.

6 롤리팝 막대의 시작점에서 바늘을 뺍니다.

7 다른 실로 한 땀씩 고정하며 카우칭 스티치를 직선으로 수놓으면 롤리팝 완성입니다.

Stitch 11   카우칭 스티치 ● 다시 보기 33p

멀리 더 멀리 항해하는
바이킹

하얀 천을 휘날리며 앞뒤로 흔들거리는 바이킹입니다.
신나는 모험이 가득한 곳으로 데려다 줄 것 같네요.
바람을 맞으며 멀리 더 멀리 즐거운 항해를 해보세요.

원단 하프리넨(워싱) 11수 백아이보리
실 DMC 25번사 8, 422, 434, 597, 648, 680, 775, 781, 3325, 3862, 4126

스티치 새틴 스티치, 위빙 스티치, 아우트라인 스티치, 체인 스티치, 롱 앤 쇼트 스티치, 백 스티치, 버튼홀 스티치, 카우칭 스티치, 케이블 체인 스티치

◆ 도안 미리보기 ◆

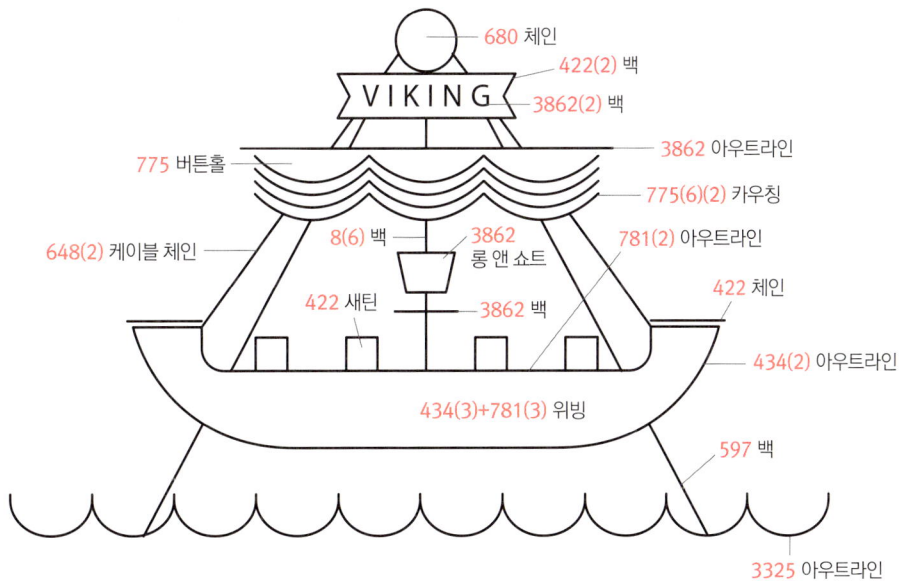

• 따로 표시가 없는 부분은 전부 3올 입니다. • 괄호 안의 숫자는 실 올 수 입니다. • 자수의 실제 도안은 별책부록 4p에 수록되어 있습니다.

바이킹 수놓기

1 가로 방향의 새틴 스티치를 먼저 수놓습니다.

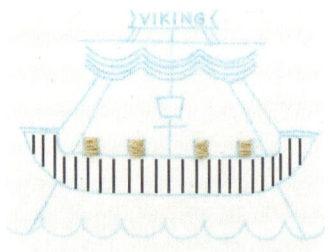

2 배의 선미 부분에 위빙 스티치를 위한 보조선을 그립니다.

3 배의 중간에서 아랫부분까지 위빙 스티치로 수놓습니다.

4 빈 곳도 위빙 스티치로 채웁니다.

5 배 테두리는 아웃라인 스티치로 수놓고 양쪽 윗부분을 체인 스티치로 수놓습니다.

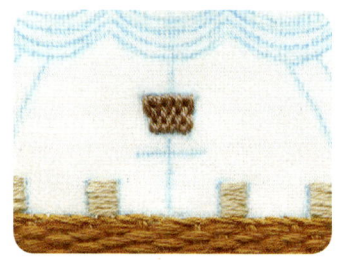

6 도안 형태에 유의하며 롱 앤 쇼트 스티치 합니다.

7 나무받침대 부분은 백 스티치로 1줄 수놓습니다.

8 배의 돛 부분은 버튼홀 스티치를 사용, 도안에 맞춰 길이를 조절해 수놓습니다.

9 카우칭 스티치에서 한 땀씩 고정할 부분을 미리 보조선으로 표시합니다.

10 보조선을 따라 카우칭 스티치 합니다. 사진과 같이 3줄로 수놓습니다.

11 나무 부분은 아웃라인 스티치로 수놓습니다.

12 테두리와 글씨는 백 스티치로 수놓습니다.

13 배의 상단은 체인 스티치로 동그랗게 수놓습니다.

14 기둥과 체인은 아웃라인 스티치와 케이블 체인 스티치로 수놓아진 부분에 주의하며 수놓습니다.

15 물결은 아웃라인 스티치로 수놓습니다. 이때 각진 부분은 주의합니다.

16 깃발의 줄 부분은 아웃라인 스티치로 수놓습니다.

17 깃발의 천 부분은 가로방향 새틴 스티치 하면 바이킹 완성입니다.

알록달록 크게 돌아가는
관람차

먼 곳에서도 한눈에 알 수 있는 알록달록한 관람차입니다.
화려한 색만큼이나 다양한 사람들을 태우고 천천히 풍경을 관람할 수 있습니다.
대관람차 옆 작은 관람차는 크기가 작아 와펜이나 브로치로 활용해도 좋습니다.

원단 하프리넨(워싱) 11수 백아이보리

실 DMC 25번사 211, 472, 501, 597, 598, 725, 732, 744, 760, 827, 930, 931, 937, 977, 988, 992, 3328, 3753, 3755, 3813, 3817, 3836, 3853, 3855

스티치 백 스티치, 휘프트 백 스티치, 새틴 스티치, 스트레이트 스티치, 체인 스티치, 아우트라인 스티치, 체커드 체인 스티치

그 외 재료 패브릭펜(Yellow, Emerald green, Sky blue)

도안 미리보기

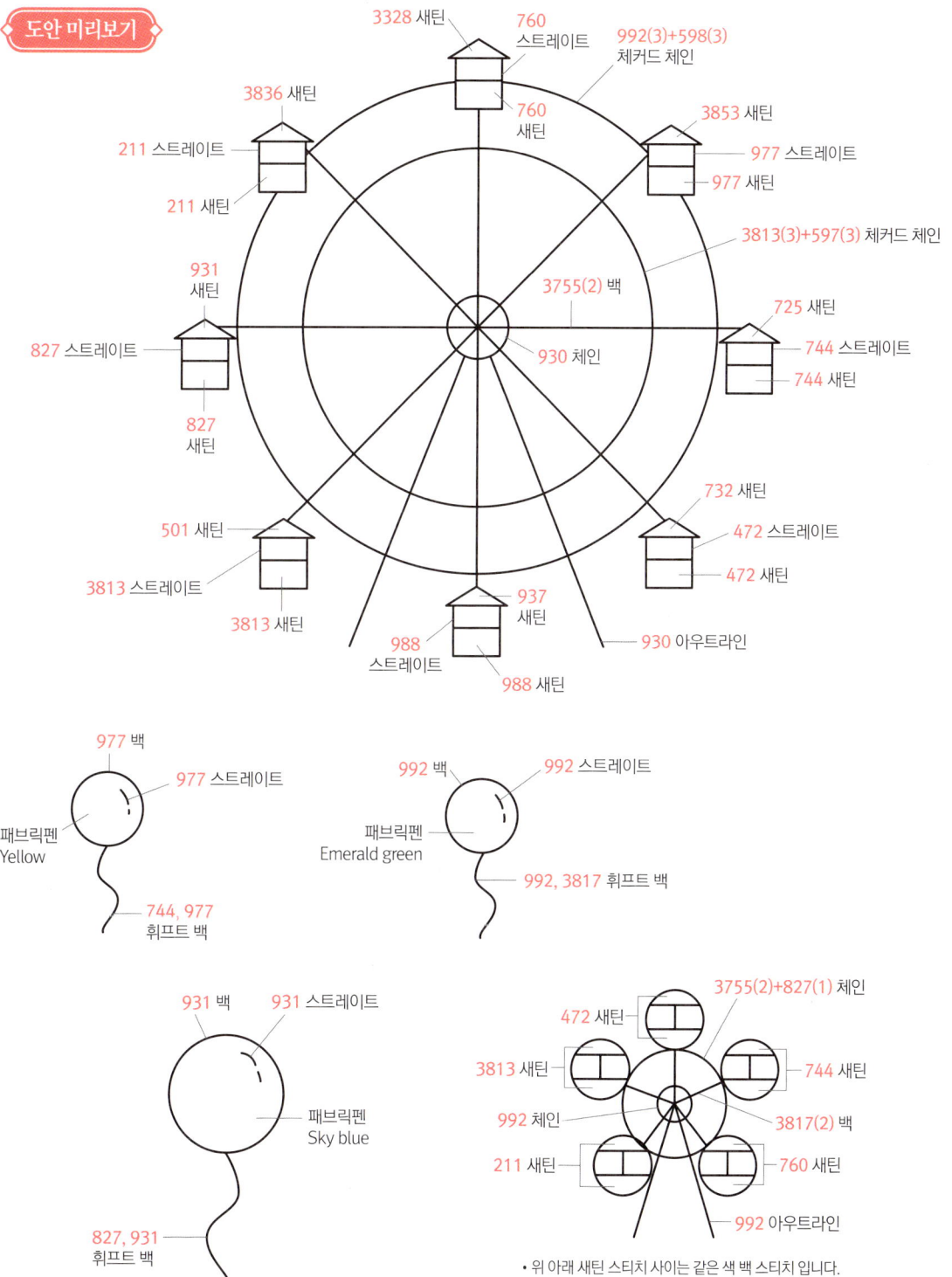

• 따로 표시가 없는 부분은 전부 3올 입니다. • 괄호 안의 숫자는 실 올 수 입니다. • 자수의 실제 도안은 별책부록 5p에 수록되어 있습니다.

대관람차 수놓기

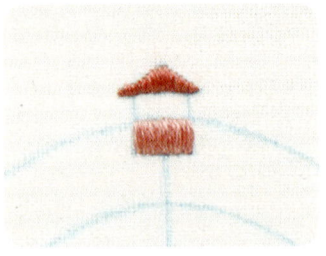

1 관람차의 지붕과 몸통 부분은 세로 방향 새틴 스티치로 수놓습니다.

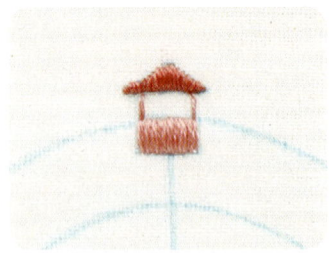

2 지붕과 몸통 부분은 스트레이트 스티치로 연결합니다.

3 7개의 작은 관람차를 동일한 방법으로 수놓습니다.

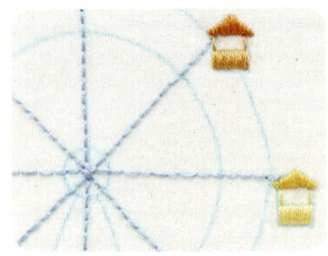

4 관람차의 뼈대 부분을 1줄씩 직선으로 백 스티치 합니다.

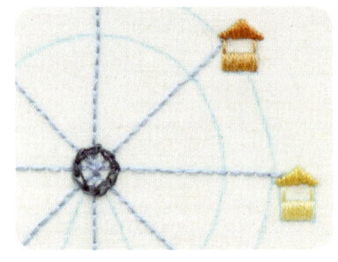

5 안쪽의 작은 원은 체인 스티치로 동그랗게 수놓습니다.

6 지지대 부분은 아우트라인 스티치를 2줄씩 수놓습니다.

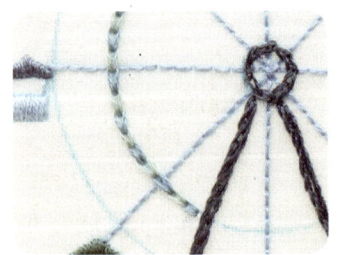

7 지지대 부분과 두 번째 원이 닿아있는 바깥쪽부터 체커드 체인 스티치를 합니다.

8 안쪽 부분도 스티치 색에 맞춰 수놓아 연결합니다.

9 가장 큰 원도 수놓을 부분에 주의하며 체커드 체인 스티치로 수놓으면 대관람차 완성입니다.

풍선 수놓기

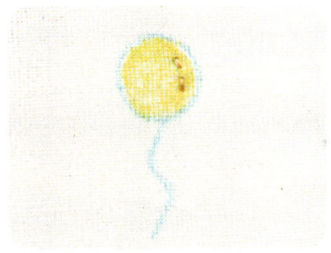  

1 패브릭펜으로 풍선 부분을 색칠한 후 스트레이트 스티치로 무늬를 수놓습니다.

2 풍선 테두리를 따라 백 스티치로 수놓습니다.

3 줄 부분은 휘프트 백 스티치로 수놓으면 풍선 완성입니다.

작은 관람차 수놓기

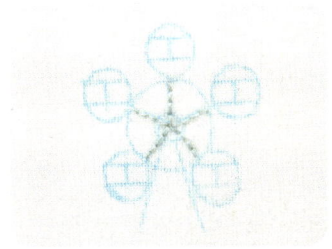 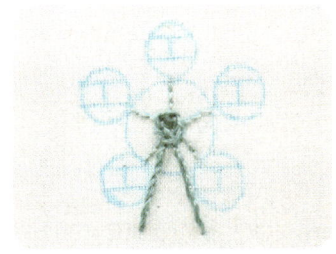 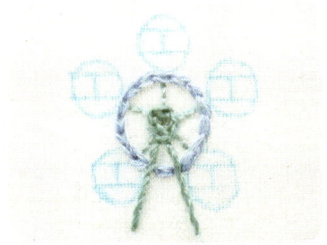

1 작은 관람차의 뼈대 부분을 백 스티치로 수놓습니다.

2 안쪽 작은 원은 체인 스티치로 수놓은 후 아웃트라인 스티치로 지지대를 수놓습니다.

3 큰 동그라미는 체인 스티치로 수놓습니다.

4 작은 관람차의 위, 아랫부분이 대칭되도록 새틴 스티치로 면을 채웁니다.

5 백 스티치로 관람차를 연결해 완성합니다.

6 동일한 방법으로 나머지 관람차를 수놓으면 작은 관람차 완성입니다.

말들이 뛰어 노는
회전목마

동화 속 주인공이 된 것 같은 기분을 느낄 수 있는 회전목마입니다.
비즈를 달아 더 반짝이는 회전목마와 함께 동심으로 돌아가는 기분을 느껴보세요.

원단 하프리넨(워싱) 11수 백아이보리

실 DMC 25번사 BLANC, 19, 352, 503, 613, 644, 647, 704, 744, 842, 966, 3032, 3713, 3779, 3863, 4070, 4073, 4100

스티치 스플릿 스티치, 아우트라인 스티치, 립드 스파이더 웹 스티치, 체인 스티치, 백 스티치, 피스틸 스티치, 새틴 스티치, 하프 서클 버튼홀 스티치, 휘프트 백 스티치

그 외 재료 비즈(미유키 골드펄화이트 믹스_투명골드, 화이트펄, 은색막대)

도안 미리보기

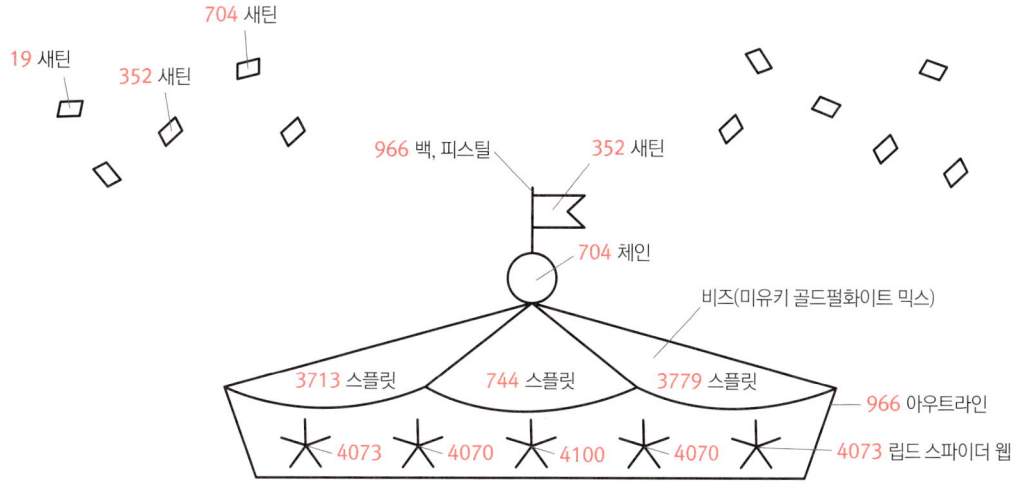

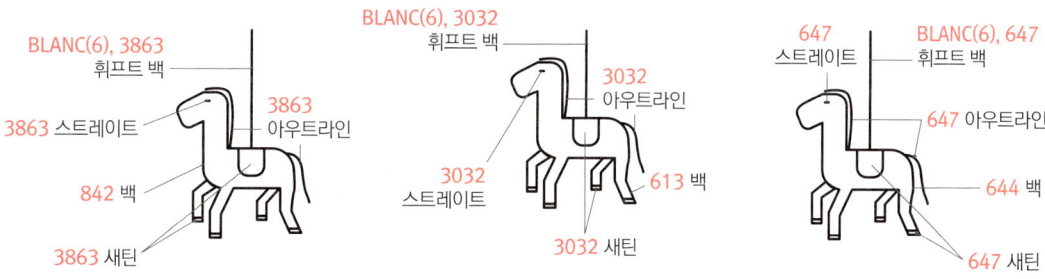

• 따로 표시가 없는 부분은 전부 3올 입니다. • 괄호 안의 숫자는 실 올 수 입니다. • 자수의 실제 도안은 별책부록 5p에 수록되어 있습니다.

회전목마 수놓기

1 지붕의 중앙 삼각형 테두리부터 스플릿 스티치 한 후 칸을 스플릿 스티치로 나눕니다.

2 빈 부분을 스플릿 스티치로 방향을 맞춰가며 채웁니다.

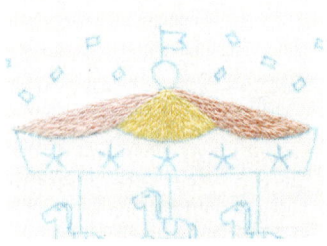

3 나머지 부분도 동일한 방법으로 채웁니다.

4 도안을 따라 지붕 하단을 아우트라인 스티치로 수놓습니다.

5 립드 스파이더 웹 스티치로 지붕의 별을 하나씩 만듭니다.

6 지붕 위 동그라미 장식은 체인 스티치로, 나머지 부분은 백 스티치와 피스틸 스티치로 수놓습니다.

7 깃발과 꽃가루는 새틴 스티치로 수놓습니다.

8 회전목마의 받침 부분은 하프 서클 버튼홀 스티치하고 바닥은 아우트라인 스티치로 수놓습니다.

9 말의 안장은 새틴 스티치로 수놓습니다.

10 목마의 형태를 따라 백 스티치로 수놓습니다.

11 꼬리와 갈기는 아웃트라인 스티치로 수놓습니다.

12 눈은 스트레이트 스티치, 말굽은 새틴 스티치로 만듭니다.

13 목마의 연결 부분은 휘프트 백 스티치로 수놓습니다.

14 나머지 말들도 동일한 방법으로 수놓습니다.

15 지붕에 비즈를 달면 회전목마 완성입니다.

달콤한
아이스크림 수레와 공중 그네

훨훨. 하늘 구름 속까지 올라가는
공중 그네 옆에 인기 있는 아이스크림 수레가 있네요.
공중 그네를 타 지친 몸을 달콤한 아이스크림으로 채워보세요.

원단 하프리넨(워싱) 11수 백아이보리
실 DMC 25번사 352, 415, 422, 469, 472, 733, 745, 754, 775, 915, 951, 3013, 3031, 3364, 3712, 3862, 4090

스티치 롱 앤 쇼트 스티치, 백 스티치, 체인 스티치, 휘프트 백 스티치, 새틴 스티치, 스트레이트 스티치, 레이즈드 스템 밴드 스티치, 아우트라인 스티치, 케이블 체인 스티치, 헤링본 스티치

그 외 재료 비즈(미유키 골드펄화이트 믹스_투명골드, 화이트펄, 은색막대)

도안 미리보기

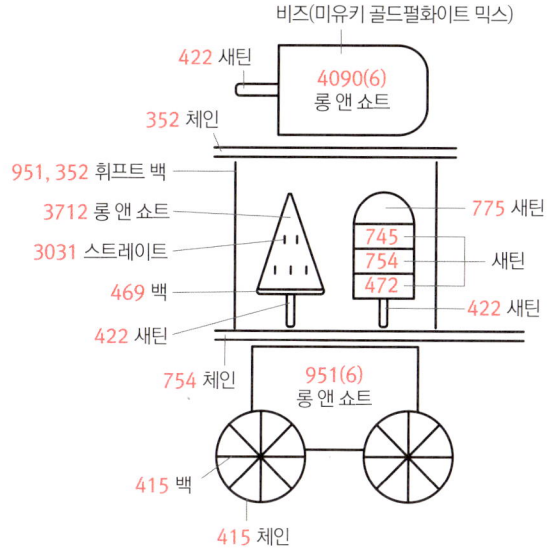

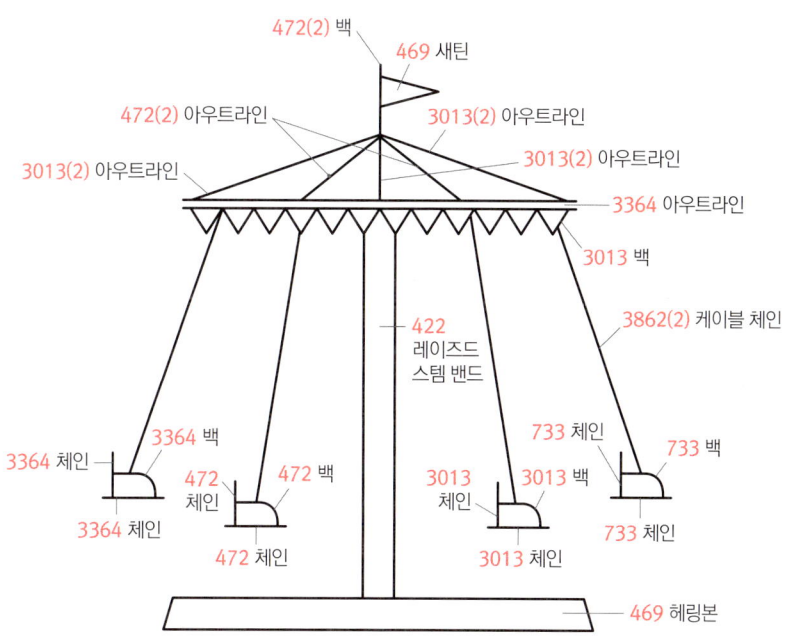

• 따로 표시가 없는 부분은 전부 3올 입니다. • 괄호 안의 숫자는 실 올 수 입니다. • 자수의 실제 도안은 별책부록 6p에 수록되어 있습니다.

아이스크림 수레 수놓기

1 수레의 몸통을 롱 앤 쇼트 스티치로 채웁니다.

2 바퀴는 백 스티치로 먼저 수놓습니다.

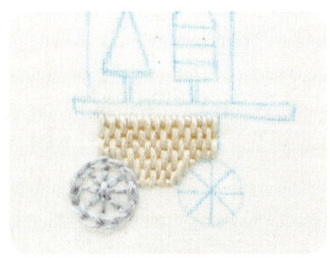

3 바퀴 테두리는 체인 스티치로 수놓습니다. 반대편 바퀴도 동일하게 수놓습니다.

4 수레의 중앙과 상단에 체인 스티치를 2줄씩 수놓습니다.

5 중앙과 상단을 이어주는 기둥을 휘프트 백 스티치로 만듭니다.

6 수레의 위를 장식한 아이스크림은 롱 앤 쇼트 스티치, 아이스크림 막대는 세로 방향의 새틴 스티치로 수놓습니다.

7 중앙에 있는 두 개의 아이스크림은 롱 앤 쇼트 스티치와 새틴 스티치로 수놓습니다.

8 수박 아이스크림 위에 스트레이트 스티치를 한 땀씩 수놓아 수박씨를 만듭니다.

9 큰 아이스크림 위에 비즈를 달면 아이스크림 수레 완성입니다.

공중 그네 수놓기

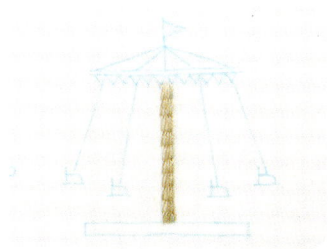

1 공중 그네의 기둥을 레이즈드 스템 밴드 스티치로 수놓습니다.

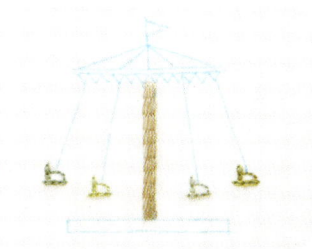

2 의자는 등받이 → 손잡이 → 받침대 순으로 체인 스티치와 백 스티치로 수놓습니다.

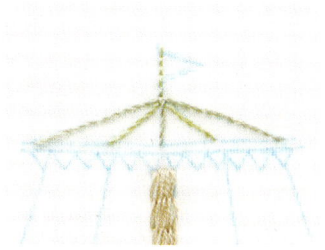

3 지붕은 아웃라인 스티치로 수놓은 후 깃발 기둥은 백 스티치로 수놓습니다.

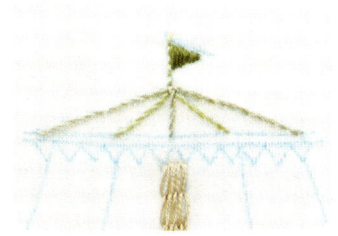

4 깃발은 세로 방향 새틴 스티치로 수놓습니다.

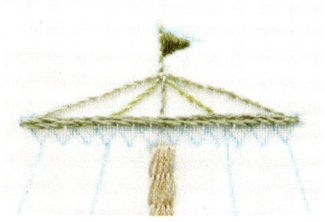

5 지붕 하단과 지붕을 연결하는 부분은 아웃라인 스티치로 두 번 수놓습니다.

6 지붕의 하단을 백 스티치로 만듭니다.

7 지붕 하단과 의자를 케이블 체인 스티치로 연결합니다.

8 받침대를 헤링본 스티치로 만들면 공중 그네 완성입니다.

하늘을 나는
풍선 열기구

다양한 스티치를 활용하여 열기구를 꾸며보세요.
스티치만으로도 열기구의 멋진 패턴을 디자인할 수 있어요.
하늘을 저마다의 색으로 물들이는 열기구를 수놓아보세요.

원단 하프리넨(워싱) 11수 백아이보리
실 DMC 25번사 25, 26, 30, 301, 472, 554, 564, 704, 840, 987, 989, 3013, 3688, 3756, 3761, 3810, 3811, 3816, 3840, 3860, 3861

스티치 위빙 스티치, 백 스티치, 체인 스티치, 아우트라인 스티치, 새틴 스티치, 스트레이트 스티치, 스플릿 스티치, 헤링본 스티치, 코럴 스티치, 러닝 스티치, 플라이 스티치, 카우칭 스티치

도안 미리보기

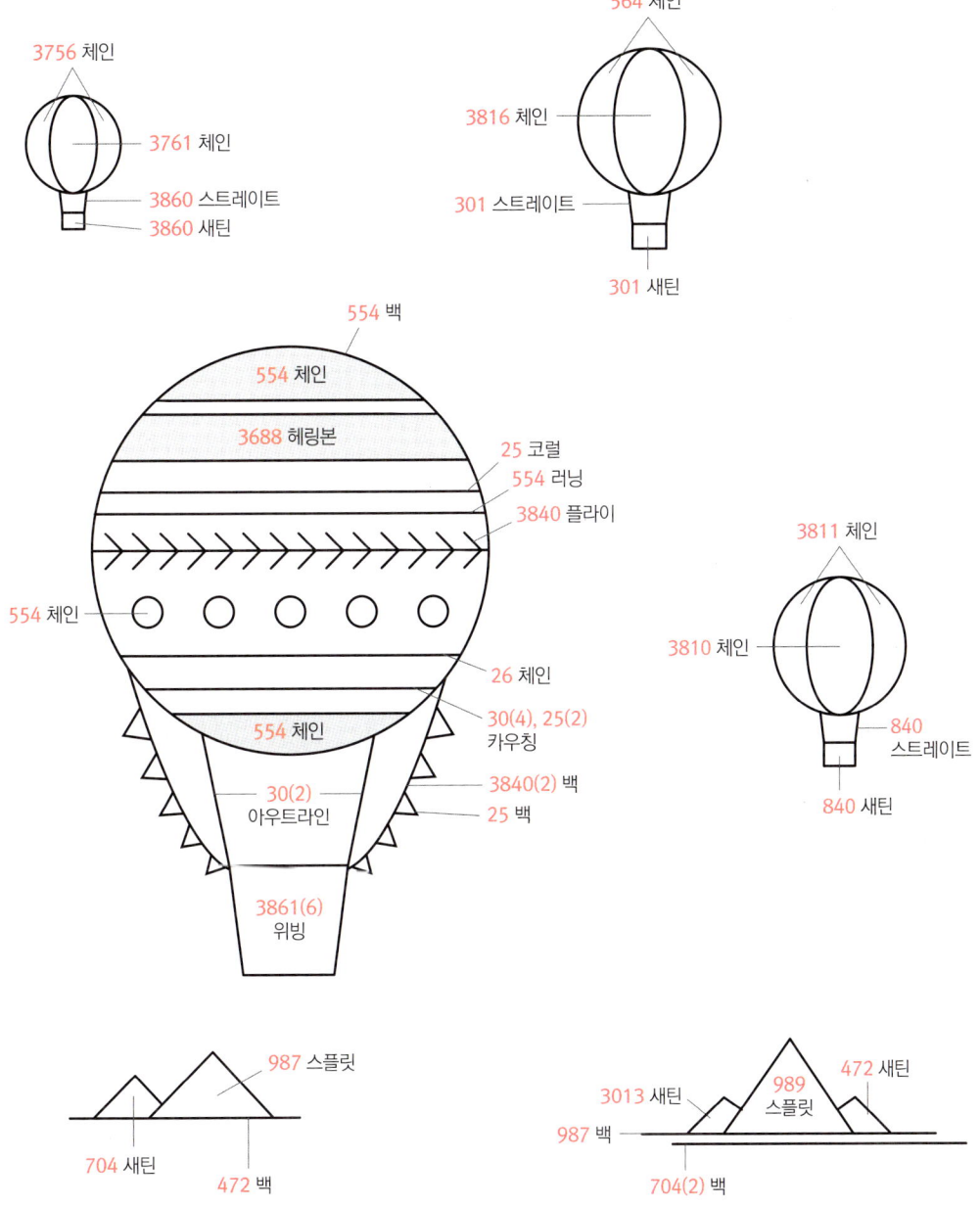

• 따로 표시가 없는 부분은 전부 3올 입니다. • 괄호 안의 숫자는 실 올 수 입니다. • 자수의 실제 도안은 별책부록 6p에 수록되어 있습니다.

큰 열기구 수놓기

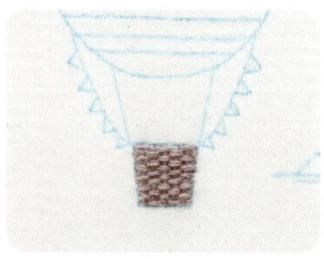

1 열기구의 바구니는 위빙 스티치로 수놓습니다.

2 열기구의 풍선은 백 스티치로 수놓습니다.

3 풍선의 무늬 중 위와 아래에 체인 스티치를 먼저 수놓습니다.

4 위부터 아래 방향으로 스티치를 하나씩 채웁니다.

TIP 헤링본 스티치 → 코럴 스티치 → 러닝 스티치 → 플라이 스티치 → 체인 스티치 → 카우칭 스티치 순으로 스티치 합니다.

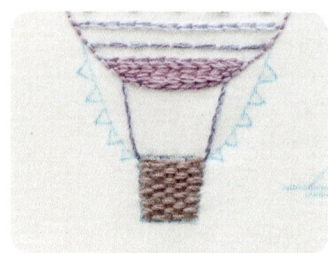

5 풍선과 바구니는 아우트라인 스티치로 연결합니다.

6 장식은 백 스티치로 수놓아 모양을 만들면 큰 열기구 완성입니다.

작은 열기구 수놓기

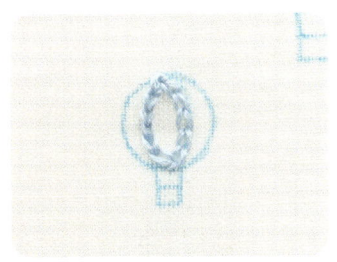

1 풍선은 안쪽 테두리를 따라 체인 스티치로 수놓습니다.

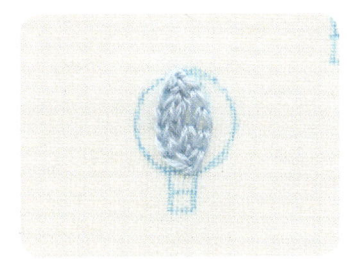

2 체인 스티치로 안쪽을 채웁니다.

3 가장자리도 동일한 방법으로 수놓습니다.

4 바구니는 새틴 스티치로 채웁니다.

5 스트레이트 스티치로 풍선과 바구니를 연결하면 작은 열기구 완성입니다.

산 수놓기

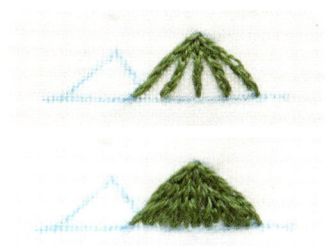

1 산은 스플릿 스티치로 칸을 나누어 스티치 방향에 맞춰 수놓습니다.

2 작은 산은 세로 방향의 새틴 스티치로 수놓습니다.

3 백 스티치로 수놓아 경계선을 만들면 산 완성입니다.

꽃 향기 가득한 식물원

PART 4

향기로운 꽃 향기에 마음이 편안해진다면
꽃을 수놓아도 똑같은 기분을 느낄 수 있을 거예요.
마음의 안식을 주는 다양한 식물들이 수노리랜드에는 가득합니다.
파릇파릇한 나뭇잎부터 화사한 꽃까지 자신이 좋아하는 꽃을
한 송이씩 차례로 수놓으며 나만의 식물원을 만들어보세요.

피시본 스티치로 만드는
나뭇잎

피시본 스티치로 만드는 나뭇잎입니다.
잎을 수놓기 좋은 피시본 스티치로 나뭇잎 패턴을 수놓아보세요.
작품이 완성될 쯤엔 조금은 까다로운 피시본 스티치를 마스터 하실 거예요.

원단	하프리넨(워싱) 11수 백아이보리
실	DMC 25번사 18, 469, 472, 581, 3053, 3347
스티치	피시본 스티치

• 따로 표시가 없는 부분은 전부 3올 피시본 스티치 입니다. • 괄호 안의 숫자는 실 올 수 입니다. • 자수의 실제 도안은 별책부록 7p에 수록되어 있습니다.

나뭇잎 수놓기

1 중앙의 잎부터 피시본 스티치로 수놓습니다.

2 양 옆의 잎을 피시본 스티치로 수놓습니다.

3 왼쪽 윗부분부터 수놓습니다.

4 차례대로 피시본 스티치로 수놓으면 나뭇잎 완성입니다.

Stitch 16 피시본 스티치 • 다시 보기 38p

10
One stitch

스파이더 웹 로즈 스티치로 만드는
장미꽃 리스

스파이더 웹 로즈 스티치로 만드는 장미꽃 리스입니다.
스파이더 웹 로즈 스티치는 처음 보기엔 어려워 보이지만 실제로는 정말 쉽답니다.
예쁜 장미꽃 리스를 수놓아보세요.

도안 미리보기

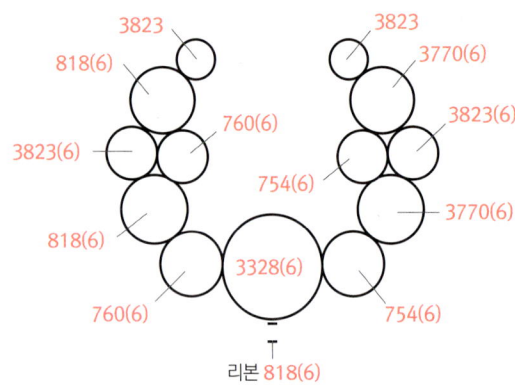

원단	하프리넨(워싱) 11수 백아이보리
실	DMC 25번사 754, 760, 818, 3328, 3770, 3823
스티치	스파이더 웹 로즈 스티치

• 따로 표시가 없는 부분은 전부 3올 스파이더 웹 로즈 스티치 입니다. • 괄호 안의 숫자는 실 올 수 입니다.
• 자수의 실제 도안은 별책부록 7p에 수록되어 있습니다.

장미꽃 리스 수놓기

1 중앙에 있는 장미꽃부터 수놓습니다.

2 중앙에서 왼쪽 바깥쪽으로 순서대로 수놓습니다.

3 반대편도 동일한 순서로 수놓습니다.

4 중앙 하단에 리본을 달면 장미꽃 리스 완성입니다.
   TIP 리본 달기는 21p를 참고합니다.

Stitch 23　스파이더 웹 로즈 스티치　● 다시 보기 46p

11
One stitch

립드 스파이더 웹 스티치로 만드는
별꽃 리스

립드 스파이더 웹 스티치로 만드는 별꽃 리스입니다.
스파이더 웹 로즈와 비슷하지만 실을 감는 방법이
다른 것에 유의해서 별꽃 리스를 수놓아보세요.

도안 미리보기

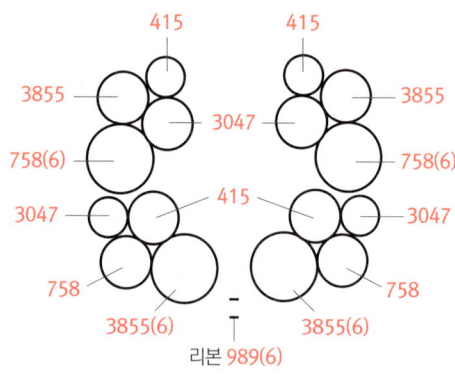

원단	하프리넨(워싱) 11수 백아이보리
실	DMC 25번사 415, 758, 989, 3047, 3855
스티치	립드 스파이더 웹 스티치

• 따로 표시가 없는 부분은 전부 3올 립드 스파이더 웹 스티치 입니다. • 괄호 안의 숫자는 실 올 수 입니다.
• 자수의 실제 도안은 별책부록 7p에 수록되어 있습니다.

별꽃 리스 수놓기

1 가장 큰 동그라미부터 립드 스파이더 웹 스티치로 수놓습니다.

2 큰 동그라미에서 가까운 쪽부터 차례로 수놓습니다.

3 앞쪽 꽃 자수에 걸리지 않도록 주의하며 수놓습니다.

4 다른 부분도 동일하게 반복합니다.

5 중앙에 리본을 달면 별꽃 리스 완성입니다.

TIP 리본 달기는 21p를 참고합니다.

Stitch 24 립드 스파이더 웹 스티치 ● 다시 보기 47p

12
One stitch

레이지 데이지 스티치로 만드는
들꽃 리스

레이지 데이지 스티치로 만드는 들꽃 리스입니다.
꽃을 만들 때 가장 기본이 되는 스티치로 들꽃 리스를 수놓아보세요.

도안 미리보기

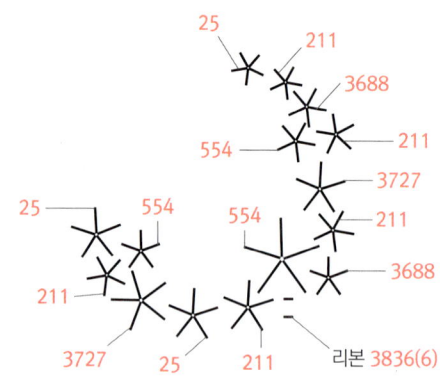

원단	하프리넨(워싱) 11수 백아이보리
실	DMC 25번사 25, 211, 554, 3688, 3727, 3836
스티치	레이지 데이지 스티치

• 따로 표시가 없는 부분은 전부 3올 레이지 데이지 스티치 입니다. • 괄호 안의 숫자는 실 올 수 입니다.
• 자수의 실제 도안은 별책부록 7p에 수록되어 있습니다.

들꽃 리스 수놓기

1 중심의 가장 큰 꽃부터 레이지 데이지 스티치로 수놓습니다.

2 수놓은 꽃의 가까운 부분부터 차례대로 수놓습니다.

3 모양에 주의하며 수놓습니다.

4 반대편도 동일하게 수놓습니다.

5 리본을 달면 들꽃 리스 완성입니다.

TIP 리본 달기는 21p를 참고합니다.

Stitch 05 레이지 데이지 스티치 ● 다시 보기 28p

화단 속
울타리 꽃 정원

다양한 꽃이 있는 길을 수놓아보세요.
사랑하는 사람과 함께 걷고 싶은 꽃 향기 가득한 정원을 수놓으면 잊을 수 없는 추억이 될 거예요.
꽃이 있는 곳마다 존재감을 나타내는 벌과 나비도 잊지 마세요.

원단 하프리넨(워싱) 11수 백아이보리
실 DMC 25번사 26, 210, 301, 316, 320, 420, 472, 581, 613, 640, 733, 818, 977, 3031, 3712, 3771, 3855

스티치 체인 스티치, 새틴 스티치, 블리온 스티치, 피스틸 스티치, 스트레이트 스티치, 백 스티치, 아우트라인 스티치, 피시본 스티치, 스파 스티치, 레이지 데이지 스티치, 스파이더 웹 로즈 스티치, 리프 플라이 스티치, 길로시 스티치

도안 미리보기

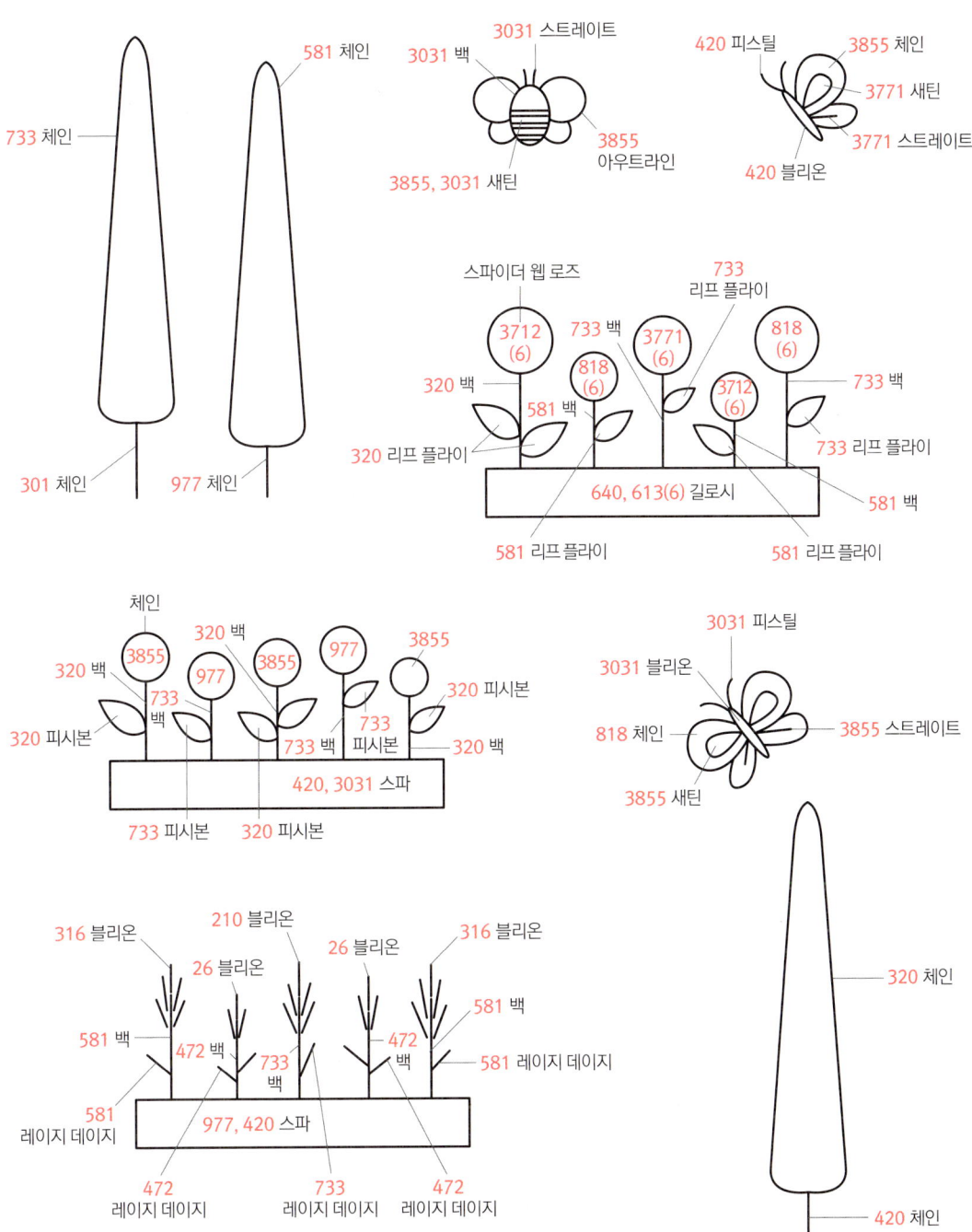

• 따로 표시가 없는 부분은 전부 3올 입니다. • 괄호 안의 숫자는 실 올 수 입니다. • 자수의 실제 도안은 별책부록 7p에 수록되어 있습니다.

울타리 꽃 정원 수놓기

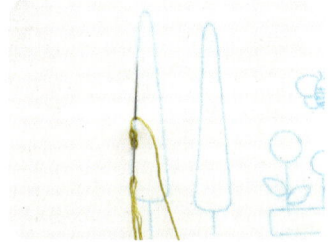

1 평평한 곳에서 체인 스티치를 시작합니다.

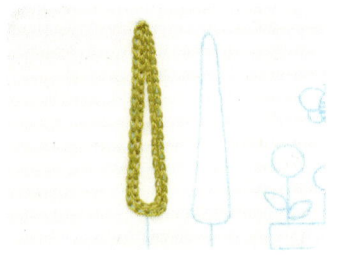

2 나무의 테두리를 따라 체인 스티치를 2줄로 수놓습니다.

3 기둥은 체인 스티치로 수놓습니다.

4 나비 무늬는 새틴 스티치와 스트레이트 스티치로 수놓습니다.

5 무늬를 체인 스티치로 감싸듯이 수놓습니다.

6 나비의 몸은 블리온 스티치와 피스틸 스티치로 완성합니다.

7 벌은 가로 방향 새틴 스티치로 2/3 정도만 채웁니다.

8 스트레이트 스티치로 무늬를 만듭니다. 머리 부분은 백 스티치로 테두리를 만듭니다.

9 스트레이트 스티치로 더듬이를 수놓습니다.

10 날개는 아우트라인 스티치로 방향에 주의하여 수놓습니다.

11 아래쪽 날개도 방향에 주의하여 아우트라인 스티치로 수놓습니다. 반대편 날개도 동일하게 수놓습니다.

12 꽃은 체인 스티치를 동그랗게 수놓아 만듭니다.

13 줄기는 백 스티치로, 잎은 피시본 스티치로 수놓습니다.

14 나머지 꽃을 완성한 후 스파 스티치로 화단을 만듭니다.

15 백 스티치로 줄기를 수놓습니다.

16 잎은 레이지 데이지 스티치로 수놓습니다.

17 꽃은 블리온 스티치로 수놓고 나머지 꽃도 동일하게 완성합니다. 스파 스티치로 화단을 만듭니다.

18 꽃은 스파이더 웹 로즈 스티치, 줄기는 백 스티치, 잎은 리프 플라이 스티치, 화단은 길로시 스티치로 수놓으면 화단 속 울타리 꽃 정원 완성입니다.

꽃길을 걷는
사랑스러운 연인

꽃처럼 귀여운 커플이 함께 하는 작품이에요.
봄날에 꽃으로 가득한 공간이 이 사랑스러운 커플을 축복하는 것 같아요.
이 연인의 앞날에 꽃길만 가득할 수 있게 응원하는 맘으로 수놓아주세요.

원단 하프리넨(워싱) 11수 백아이보리

실 DMC 25번사 3, 8, 352, 413, 434, 472, 581, 754, 758, 794, 819, 931, 951, 977, 3364, 3712, 3753, 3779, 3823, 3855

스티치 스파이더 웹 로즈 스티치, 립드 스파이더 웹 스티치, 카우칭 스티치, 새틴 스티치, 아우트라인 스티치, 롱 앤 쇼트 스티치, 코럴 스티치, 체인 스티치, 레이지 데이지 스티치, 백 스티치, 블리온 로즈 스티치, 피시본 스티치, 플라이 스티치, 프렌치 넛 스티치

도안 미리보기

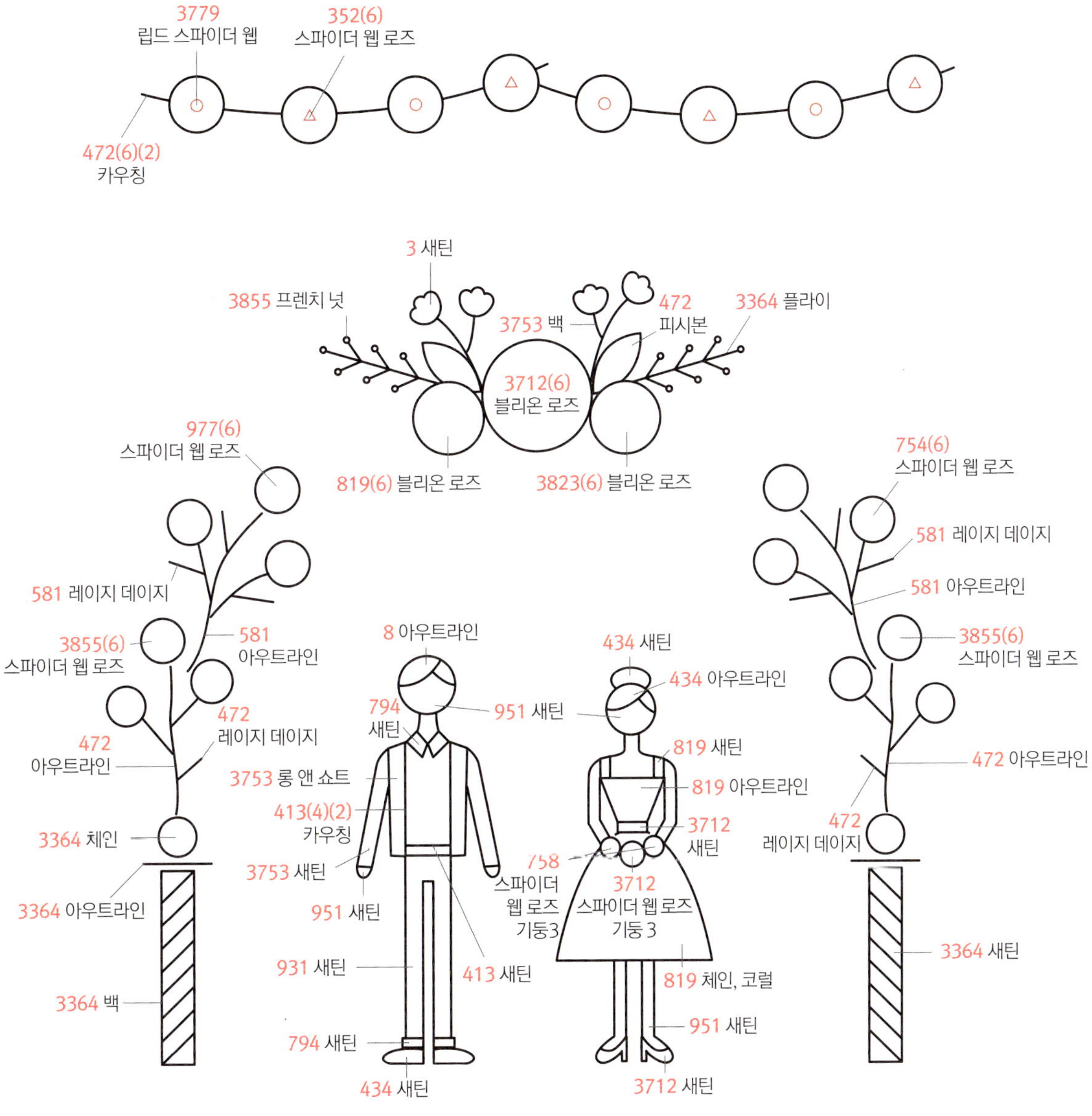

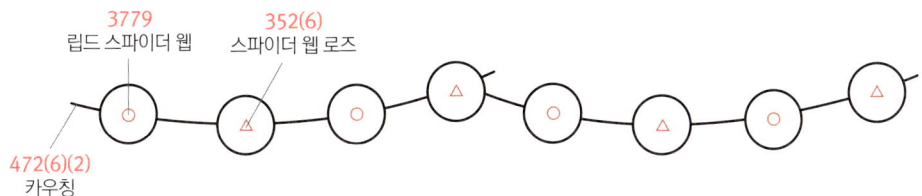

• 따로 표시가 없는 부분은 전부 3올 입니다. • 괄호 안의 숫자는 실 올 수 입니다.
• 같은 도형이 그려진 부분은 동일한 컬러와 스티치 입니다. • 자수의 실제 도안은 별책부록 8p에 수록되어 있습니다.

연인 수놓기

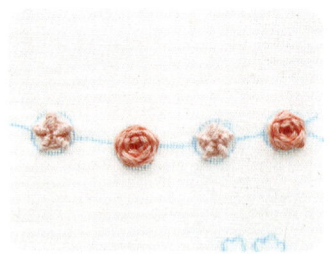

1 꽃은 스파이더 웹 로즈 스티치와 립드 스파이더 웹 스티치로 수놓습니다.

2 선은 카우칭 스티치로 수놓습니다.

3 얼굴과 목은 가로 방향의 새틴 스티치로 수놓습니다.

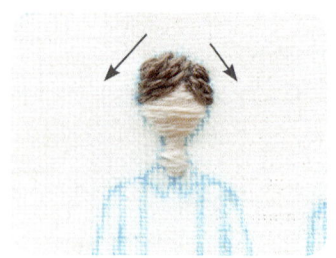

4 아웃트라인 스티치를 대각선 방향으로 수놓습니다. 이때 한 땀 길이를 짧게 합니다.

5 몸통에 보조선을 그린 후 셔츠깃 부분을 새틴 스티치로 수놓습니다.

6 보조선에 맞춰 롱 앤 쇼트 스티치로 채웁니다.

7 카우칭 스티치와 새틴 스티치로 벨트를 만듭니다.

8 팔, 손, 다리, 신발은 가로 방향의 새틴 스티치로 수놓습니다.

9 얼굴과 목은 가로 방향의 새틴 스티치로 수놓습니다.

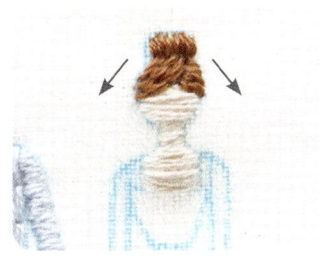

10 머리카락은 대각선 방향의 아우트라인 스티치로 수놓습니다. 묶은 머리는 세로 방향 새틴 스티치로 수놓습니다.

11 상의는 아우트라인 스티치를 가로 방향으로 수놓아 채웁니다.

12 끈은 세로 방향의 새틴 스티치로 수놓습니다.

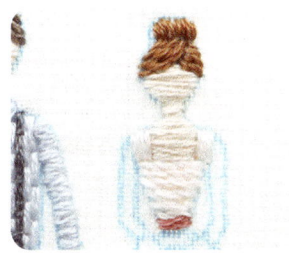

13 허리 부분은 새틴 스티치로 수놓습니다.

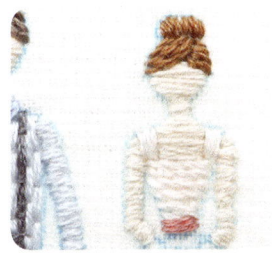

14 팔은 새틴 스티치로 수놓습니다.

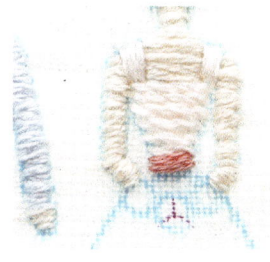

15 꽃의 크기가 작으므로 기둥을 3개로 해 스파이더 웹 로즈 스티치로 수놓습니다.

16 가운데 꽃을 완성한 후 양 옆의 꽃을 수놓습니다.

17 치마는 코럴 스티치로 칸을 나눕니다.

>>>
다음페이지에 계속

18 치마의 빈 곳을 체인 스티치로 채웁니다.

19 다리는 새틴 스티치로 수놓습니다.

20 구두의 앞은 대각선 방향, 굽은 세로 방향 새틴 스티치 합니다.

21 스파이더 웹 로즈 스티치로 꽃을 수놓습니다.

22 줄기는 아우트라인 스티치, 잎은 레이지 데이지 스티치로 수놓습니다.

23 기둥 안쪽 무늬를 새틴 스티치로 수놓습니다.

24 테두리를 백 스티치로 만듭니다.

25 기둥 위의 장식은 체인 스티치와 아우트라인 스티치로 수놓습니다.

26 블리온 로즈 스티치를 하기 전 보조선을 그립니다.

27 보조선을 참고해 블리온 로즈 스티치를 수놓습니다.

28 옆의 꽃도 블리온 로즈 스티치로 수놓습니다.

29 나뭇잎은 피시본 스티치로 수놓습니다.

30 가장 끝부분에 스트레이트 스티치 합니다.

31 나뭇가지는 플라이 스티치를 반복해 만듭니다.

32 가지 끝은 프렌치 넛 스티치로 수놓습니다.

33 꽃은 세로 방향 새틴 스티치로 수놓습니다.

34 줄기는 백 스티치로 수놓습니다.

35 반대편도 동일한 방법으로 수놓으면 꽃길을 걷는 연인 완성입니다.

따뜻한 온기를 담은
봄날의 꽃

봄 내음이 물씬 풍기는 컬러를 사용,
봄날의 따스한 느낌을 담으려 했어요. 만들어 거실에 장식하면
사계절 내내 집안에 따뜻한 온기를 내뿜을 거예요.

원단 하프리넨(워싱) 11수 백아이보리

실 DMC 25번사 12, 352, 472, 581, 744, 819, 904, 906, 3328, 3827

스티치 백 스티치, 스트레이트 스티치, 피시본 스티치, 프렌치 넛 스티치, 아우트라인 스티치, 버튼홀 스티치, 레이지 데이지 스티치, 서클 버튼 홀 스티치, 새틴 스티치, 리프 플라이 스티치

- 따로 표시가 없는 부분은 전부 3올 입니다. • 괄호 안의 숫자는 실 올 수 입니다.
- 같은 도형이 그려진 부분은 동일한 컬러와 스티치 입니다. • 자수의 실제 도안은 별책부록 9p에 수록되어 있습니다.

봄날의 꽃 수놓기

1 중앙의 글씨는 백 스티치로 수놓습니다.

2 줄기는 백 스티치로 수놓고 스트레이트 스티치로 작은 줄기를 만듭니다.

3 피시본 스티치로 잎을 수놓습니다.

4 작은 줄기 끝부분에 프렌치 넛 스티치로 수놓습니다.

5 작은 줄기는 한 땀 길이를 짧게 해 아우트라인 스티치 합니다.

6 아우트라인 스티치로 큰 줄기를 수놓습니다.

7 줄기 끝부분에 프렌치 넛 스티치로 수놓습니다.

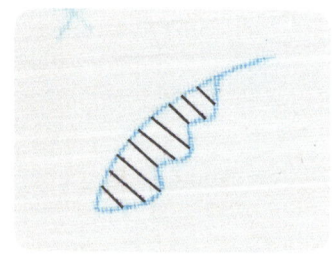

8 버튼홀 스티치로 수놓기 전 스티치 할 부분을 보조선으로 그립니다.

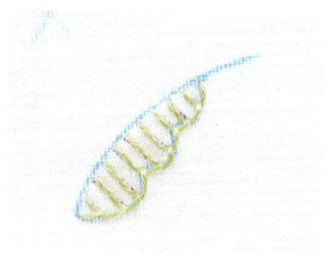

9 보조선에 맞춰 버튼홀 스티치로 수놓습니다.

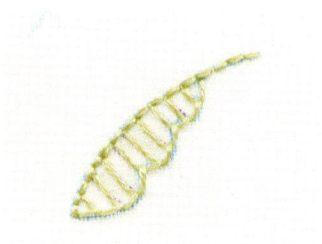

10 줄기는 백 스티치로 수놓습니다.

11 꽃은 레이지 데이지 스티치로 수놓습니다.

12 줄기는 아웃트라인 스티치로 수놓습니다.

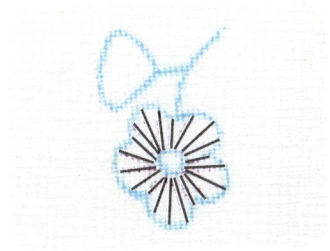

13 레이지 데이지 스티치로 잎을 하나씩 만듭니다.

14 서클 버튼홀 스티치로 수놓기 전 스티치 할 부분을 보조선으로 표시합니다.

15 보조선에 맞춰 서클 버튼홀 스티치로 수놓습니다.

>>>
다음페이지에 계속

16 작은 꽃도 하프 서클 버튼홀 스티치 할 부분을 미리 칸을 나눠 보조선을 그립니다.

17 보조선에 맞춰 하프 서클 버튼홀 스티치로 수놓습니다.

18 줄기는 백 스티치로 수놓습니다.

19 꽃망울은 새틴 스티치로 수놓습니다.

20 줄기는 백 스티치로 수놓습니다.

21 잎은 리프 플라이 스티치로 수놓습니다.

22 줄기는 아웃라인 스티치로 수놓습니다.

23 리프 플라이 스티치로 잎을 수놓습니다.

24 잎 위에 프렌치넛 스티치를 수놓습니다.

25 줄기는 백 스티치로 수놓습니다.

26 잎은 리프 플라이 스티치로 수놓습니다.

27 꽃잎은 아우트라인 스티치를 2줄 수놓습니다.

28 나머지 부분도 채우면 봄날의 꽃 완성입니다.

꽃 수레 가득한
꽃으로 꾸미는 가든

꽃이 흐드러지게 핀 가든을 꾸며보세요. 수레에 한가득 담긴 꽃은 향기는 물론
보는 사람의 마음에 행복감을 가득 준답니다. 가든을 꾸미기 위해선
도구들과 장화를 챙기는 것을 잊지 마세요. 꽃 수레를 끌며 가든을 꾸미러 함께 가볼까요?

원단 하프리넨(워싱) 11수 백아이보리
실 DMC 25번사 4, 10, 19, 24, 210, 320, 472, 453, 615, 840, 989, 3712, 3713, 3772, 3779, 3853, 3864

스티치 새틴 스티치, 레이지 데이지 스티치, 스플릿 스티치, 아웃트라인 스티치, 백 스티치, 스파이더 웹 로즈 스티치, 블리온 로즈 스티치, 서클 버튼홀 스티치, 프렌치 넛 스티치, 립드 스파이더 웹 스티치, 체인 스티치, 스트레이트 스티치

 도안 미리보기

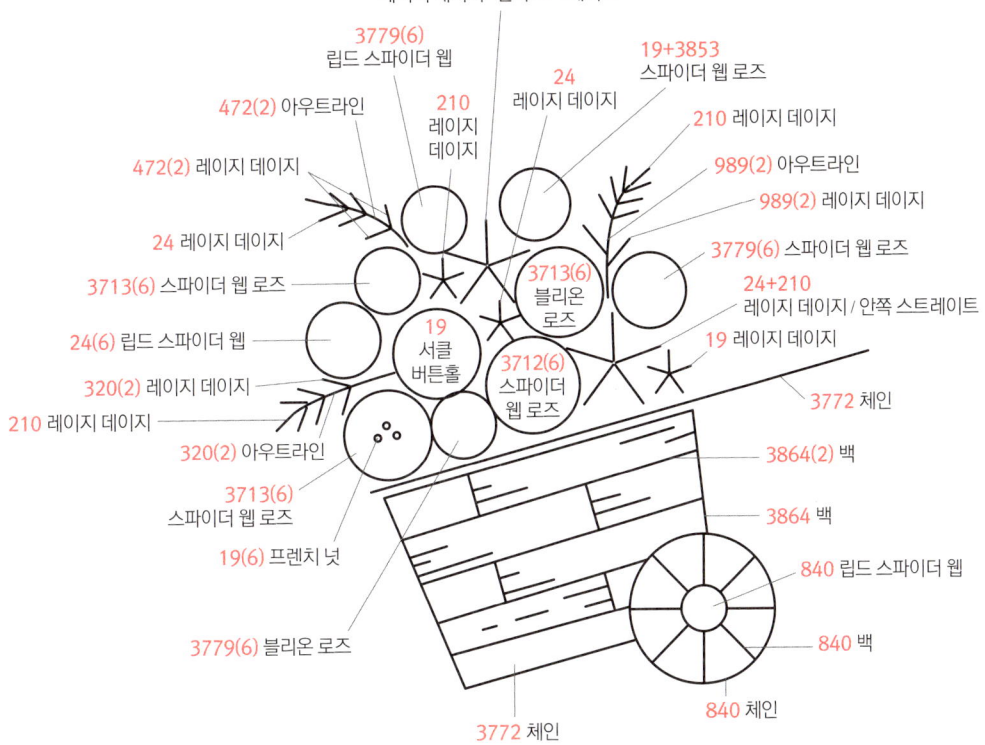

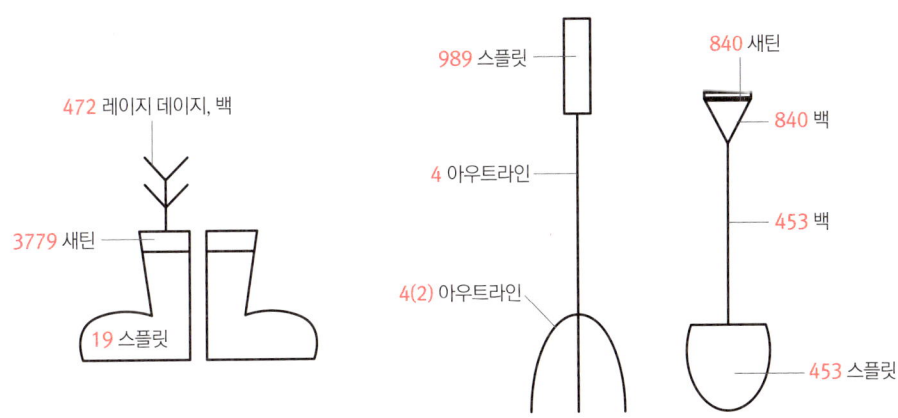

• 따로 표시가 없는 부분은 전부 3올 입니다.　• 괄호 안의 숫자는 실 올 수 입니다.　• 자수의 실제 도안은 별책부록 10p에 수록되어 있습니다.

장화 수놓기

1 장화의 윗부분은 세로 방향 새틴 스티치로 수놓습니다.

2 백 스티치로 줄기를 만듭니다.

3 잎 부분에 레이지 데이지 스티치를 합니다.

4 장화의 테두리는 스플릿 스티치로 수놓습니다.

5 바깥쪽에서 안쪽으로 스플릿 스티치를 반복하여 채웁니다.

6 반대편도 동일하게 수놓으면 장화 완성입니다.

도구 수놓기

1 손잡이 부분은 세로 방향 스플릿 스티치로 1줄씩 면을 채웁니다.

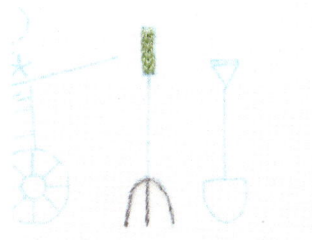

2 아우트라인 스티치로 모양을 만듭니다.

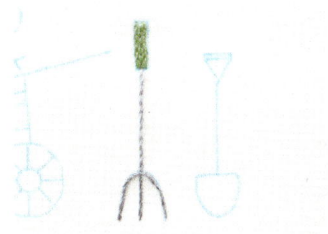

3 아우트라인 스티치로 손잡이와 연결합니다.

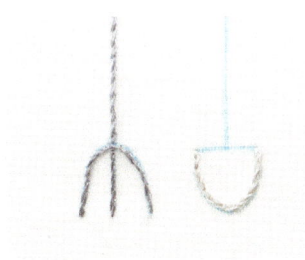

4 삽은 테두리를 먼저 스플릿 스티치로 수놓습니다.

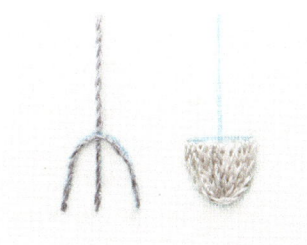

5 세로 방향 스플릿 스티치로 면을 채웁니다.

6 가로 방향 스플릿 스티치로 윗면의 모양을 정리합니다.

7 손잡이 부분을 짧은 길이의 세로 방향 새틴 스티치로 수놓습니다.

8 나머지 부분은 백 스티치로 수놓으면 도구 완성입니다.

꽃수레 수놓기

1 중앙의 꽃은 스파이더 웹 로즈 스티치로 수놓습니다.

2 ①의 양 옆의 꽃은 블리온 로즈 스티치로 수놓습니다.

3 레이지 데이지 스티치로 꽃을 수놓습니다. 이때 기존에 수놓은 실에 걸리지 않도록 주의합니다.

4 서클 버튼홀 스티치로 꽃을 수놓습니다.

5 왼쪽 하단의 스파이더 웹 로즈 스티치의 기둥을 만듭니다. 중심의 작은 원을 남겨두고 기둥을 만듭니다.

6 ⑤의 기둥에 스파이더 웹 로즈 스티치로 수놓습니다.

7 안의 빈 곳은 프렌치 넛 스티치로 채웁니다.

8 수놓은 곳에서 가까운 스파이더 웹 로즈 스티치 꽃을 수놓습니다.

9 립드 스파이더 웹 스티치로 수놓습니다.

10 줄기는 아우트라인 스티치, 잎은 레이지 데이지 스티치로 수놓습니다.

11 꽃은 레이지 데이지 스티치로 빗금 모양으로 수놓습니다.

12 나머지 꽃도 동일하게 수놓습니다.

 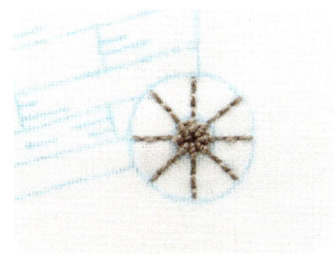 

13 수레의 바퀴 중심에 립드 스파이더 웹 스티치로 수놓습니다.

14 백 스티치로 바퀴의 살을 만듭니다.

15 바퀴 테두리를 체인 스티치로 수놓습니다.

16 수레의 손잡이와 받침은 체인 스티치로 수놓습니다.

17 수레의 나뭇결은 백 스티치로 수놓으면 꽃수레 완성입니다.

작은 화분이
가득한 진열대

화단에 다 심을 수 없는 식물은 진열대에 작은 화분들로 꾸며보세요.
작은 진열대에 옹기종기 모인 작은 꽃들이 사랑스럽네요. 다양한 스티치를 활용한 꽃을 다양하게 담아두었어요.
자수로 꽃을 하나씩 심으면서 수놓는 방법을 배워볼게요.

원단 하프리넨(워싱) 11수 백아이보리

실 DMC 25번사 8, 26, 211, 368, 352, 353, 368, 422, 543, 680, 704, 907, 987, 988, 3046, 3078, 3712, 3753, 3790, 3819, 3825, 3826, 3853, 3855

스티치 위빙 스티치, 아웃트라인 스티치, 페더 스티치, 프렌치 넛 스티치, 레이즈드 스템 밴드 스티치, 카우칭 스티치, 스트레이트 스티치, 플라이 스티치, 백 스티치, 새틴 스티치, 체인 스티치, 스파이더 웹 로즈 스티치, 레이지 데이지 스티치, 롱 앤 쇼트 스티치, 립드 스파이더 웹 스티치, 스파 스티치, 블리온 스티치, 블리온 로즈 스티치, 피시본 스티치, 리프 플라이 스티치

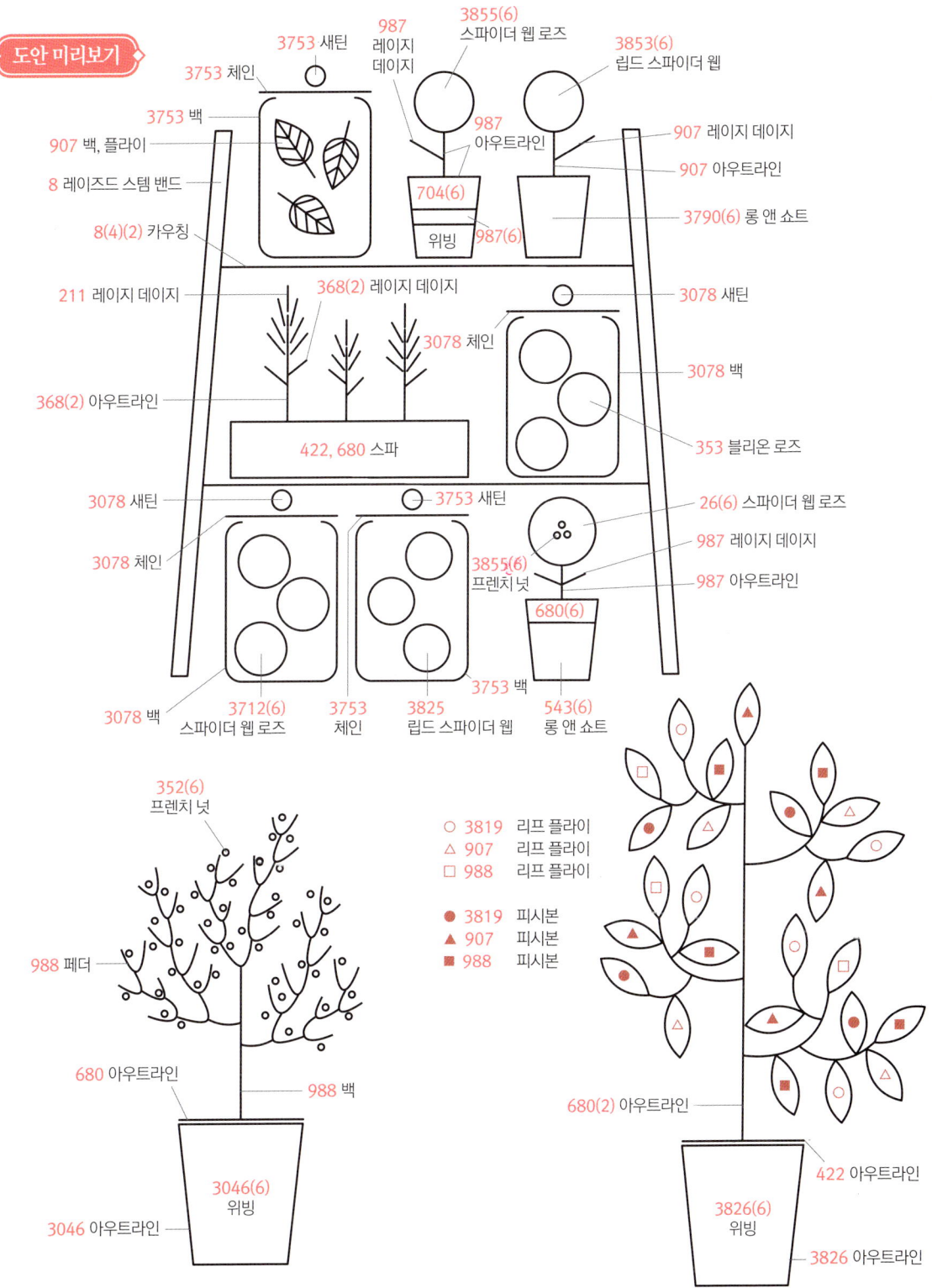

작은 화분이 가득한 진열대 수놓기

1 화분의 면을 위빙 스티치로 채웁니다.

2 테두리를 아우트라인 스티치로 감싸듯이 수놓습니다.

3 긴 가지부터 페더 스티치로 수놓은 후 바늘을 뺍니다.

4 옆의 작은 가지를 페더 스티치로 수놓습니다.

5 긴 가지와 작은 가지를 연결해 수놓습니다.

6 동일한 방법으로 나뭇가지를 수놓습니다.

7 꽃은 프렌치 넛 스티치로 수놓습니다.

8 진열대를 레이즈드 스템 밴드 스티치와 카우칭 스티치로 수놓습니다.

9 병 안의 나뭇잎 도안을 따라 스트레이트 스티치 합니다.

10 플라이 스티치로 수놓습니다.

11 나뭇잎의 테두리는 백 스티치로 수놓습니다.

12 나머지 나뭇잎도 동일한 방법으로 수놓습니다.

13 병의 손잡이 부분부터 새틴 스티치로 수놓습니다.

14 병의 뚜껑 부분을 체인 스티치로 1줄 수놓습니다.

15 병의 테두리 부분을 백 스티치로 수놓습니다.

>>>
다음페이지에 계속

16 화분은 위빙 스티치로 수놓습니다. 가로줄로 3줄만 수놓습니다.

17 색을 바꿔 3줄 수놓습니다.

18 나머지 부분을 채웁니다.

19 꽃은 스파이더 웹 로즈 스티치로 수놓습니다.

20 화분 윗부분에 아우트라인 스티치로 1줄 수놓습니다.

21 줄기는 아우트라인 스티치, 잎은 레이지 데이지 스티치로 수놓습니다.

22 화분을 롱 앤 쇼트 스티치로 수놓습니다.

23 럽드 스파이더 웹 스티치로 꽃을 만듭니다.

24 줄기는 아우트라인 스티치, 잎은 레이지 데이지 스티치로 수놓습니다.

25 스파 스티치로 화분을 먼저 수놓습니다.

26 줄기는 아우트라인 스티치, 잎은 레이지 데이지 스티치로 수놓습니다.

27 레이지 데이지 스티치로 꽃잎을 하나씩 만듭니다.

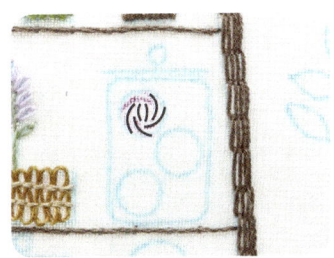

28 나머지 꽃도 동일한 방법으로 수놓습니다.

29 블리온 로즈 스티치를 하기 전 보조선을 그립니다.

30 보조선을 바탕으로 블리온 로즈 스티치로 수놓습니다.

>>>
다음페이지에 계속

31 이전의 방법으로 병을 수놓습니다.
TIP 165p 13~15번 과정을 참고합니다.

32 스파이더 웹 로즈 스티치로 꽃을 만듭니다.

33 이전의 방법으로 병을 수놓습니다.
TIP 165p 13~15번 과정을 참고합니다.

34 립드 스파이더 웹 스티치로 꽃을 수놓습니다.

35 이전의 방법으로 병을 수놓습니다.
TIP 165p 13~15번 과정을 참고합니다.

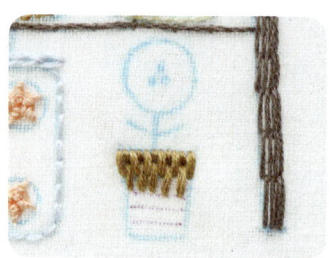

36 화분은 롱 앤 쇼트 스티치로 2줄 수놓습니다.

37 색을 바꿔 나머지 부분을 채웁니다.

38 중심의 작은 동그라미만큼 비워두고 기둥을 만듭니다.

39 스파이더 웹 로즈 스티치로 수놓습니다.

40 빈 곳은 프렌치 넛 스티치로 채웁니다.

41 줄기는 아우트라인 스티치, 잎은 레이지 데이지 스티치로 수놓습니다.

42 화분은 위빙 스티치로 면을 채웁니다.

43 아우트라인 스티치로 테두리를 감싸듯이 수놓습니다.

44 가지를 아우트라인 스티치로 수놓습니다.

45 잎을 차례로 수놓으면 작은 화분이 가득한 진열대 완성입니다.

스티치 방법 찾아보기

자수에 익숙하지 않은 초보자들이 원하는 스티치를
쉽게 찾아볼 수 있는 〈스티치 방법 찾아보기〉입니다.
스티치를 놓는 과정을 다시 확인하며 원하는 스티치를 수놓아보세요.

Stitch 01
스트레이트 스티치 ● 다시 보기 023p

Stitch 02
러닝 스티치 ● 다시 보기 024p

Stitch 03
백 스티치 ● 다시 보기 025p

Stitch 04
아우트라인 스티치 ● 다시 보기 026p

Stitch 05
레이지 데이지 스티치 ● 다시 보기 028p

Stitch 06
프렌치 넛 스티치 ● 다시 보기 029p

Stitch 07
피스틸 스티치 ● 다시 보기 029p

Stitch 08
링 스티치 ● 다시 보기 030p

Stitch 09
스플릿 스티치 ● 다시 보기 031p

Stitch 10
새틴 스티치 ● 다시 보기 032p

Stitch 11
카우칭 스티치 ● 다시 보기 033p

 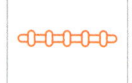

Stitch 12
휘프트 백 스티치 ● 다시 보기 034p

Stitch 13
플라이 스티치 ● 다시 보기 035p

Stitch 14
리프 플라이 스티치 ● 다시 보기 036p

Stitch 15
페더 스티치 ● 다시 보기 037p

Stitch 16
피시본 스티치 ● 다시 보기 038p

Stitch 17
버튼홀 스티치 ● 다시 보기 039p
 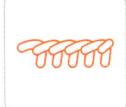

Stitch 18
서클 버튼홀 스티치 ● 다시 보기 040p

Stitch 19
하프 서클 버튼홀 스티치 ● 다시 보기 041p

Stitch 20
체인 스티치 ● 다시 보기 042p

Stitch 21
체커드 체인 스티치 ● 다시 보기 044p

Stitch 22
케이블 체인 스티치 ● 다시 보기 045p

Stitch 23
스파이더 웹 로즈 스티치 ● 다시 보기 046p

Stitch 24
립드 스파이더 웹 스티치 ● 다시 보기 047p

Stitch 25
코럴 스티치 ● 다시 보기 048p
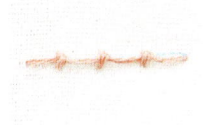 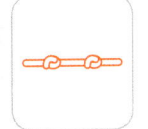

Stitch 26
헤링본 스티치 ● 다시 보기 049p

Stitch 27
스파 스티치 ● 다시 보기 050p

Stitch 28
길로시 스티치 ● 다시 보기 051p

Stitch 29
페키니즈 스티치 ● 다시 보기 052p

Stitch 30
레이즈드 스템 밴드 스티치 ● 다시 보기 053p

Stitch 31
롱 앤 쇼트 스티치 ● 다시 보기 054p

Stitch 32
위빙 스티치 ● 다시 보기 055p

Stitch 33
블리온 스티치(블리온 로즈 스티치) ● 다시 보기 056p

실용서 전문 출판사
cypress
싸이프레스

싸이프레스(Creative and joYful PRESS)는 헬스&피트니스 스포츠, 건강&미용&다이어트, 여행&취미 등 창조적이면서도 재미와 즐거움을 줄 수 있는 실용서 출판을 지향합니다.

홈페이지 www.cypressbook.co.kr　　**블로그** blog.naver.com/cypressbook1
인스타그램 @cypress_books　　**포스트** post.naver.com/cypressbook1

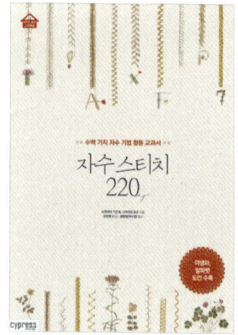

자수 스티치 220
사쿠라이 가즈에, 사쿠라이 유코 지음 | 100면 | 11,800원

꽃 자수에 홀리다
모리 레이코 지음 | 84면 | 11,800원

자수와 사랑에 빠지다
모리 레이코 지음 | 84면 | 11,800원

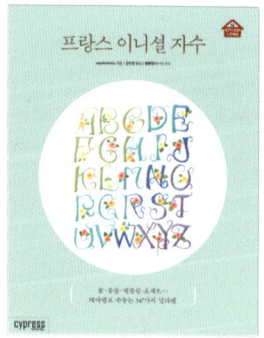

프랑스 이니셜 자수
애플민트 지음 | 84면 | 12,800원

모리 레이코의 모던 울 자수
모리 레이코 지음 | 82면 | 12,800원

패턴사 샨잉의 인형옷 패턴 수업
패턴 디자이너 샨잉 지음 | 256쪽 | 25,000원

밍구스 식판
김민정 지음 | 228면 | 13,800원

밍구스 식판 유아 반찬 140
김민정 지음 | 260면 | 14,800원

제이맘의 홈쿡
김미정 지음 | 320면 | 17,400원

만개의 레시피
만개의 레시피 지음 | 320면 | 16,500원

아빠 요리
김인호 지음 | 192면 | 13,000원

대사증후군 식사 가이드
이지원,강남세브란스병원 영양팀,
CJ프레시웨이 지음 | 284면 | 16,800원

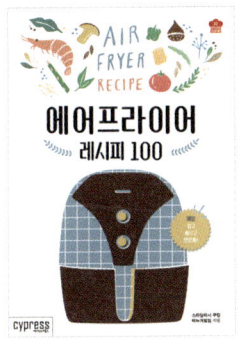
에어프라이어 레시피 100
스타일리시 쿠킹 메뉴개발팀 지음 |
176면 | 13,200원

마들렌&피낭시에 수업
권향미 지음 | 168면 | 13,200원

스콘 수업
권향미 지음 | 168면 | 13,200원

한 땀 한 땀 놓을 때마다 행복해지는 프랑스 자수
나의 첫 놀이동산 자수

초판 1쇄 발행 2019년 5월 27일

지은이 강미연
펴낸이 김영조
콘텐츠기획 2팀 구효선, 김유진
콘텐츠기획 1팀 정보영, 서수빈
마케팅팀 이유섭, 배태욱
경영지원팀 정은진
외부스태프 사진촬영 studio_nod 이병주
　　　　　　디자인 ALL design group
펴낸곳 싸이프레스
주소 서울시 마포구 양화로7길 4-13(서교동 392-31) 302호
전화 02-335-0385/0399
팩스 02-335-0397
이메일 cypressbook1@naver.com
홈페이지 www.cypressbook.co.kr
블로그 blog.naver.com/cypressbook1
포스트 post.naver.com/cypressbook1
인스타그램 @cypress_book
출판등록 2009년 11월 3일 제2010-000105호

ISBN 979-11-6032-062-6   13650

- 이 책은 저작권법에 따라 보호를 받는 저작물이므로 무단 전재 및 무단 복제를 금합니다.
  (2차 수정, 도용, 상업적 용도, 수업 용도의 사용을 금합니다.)
- 책값은 뒤표지에 있습니다.
- 파본은 구입하신 곳에서 교환해 드립니다.

> 이 도서의 국립중앙도서관 출판예정도서목록(CIP)은 서지정보유통지원시스템 홈페이지(http://seoji.nl.go.kr)와 국가자료종합목록시스템(http://www.nl.go.kr/kolisnet)에서 이용하실 수 있습니다. (CIP제어번호 : CIP2019017395)

별책부록

나의 첫 놀이동산 자수

자수 도안집

× 본 도안은 실제 도안 사이즈입니다. ×

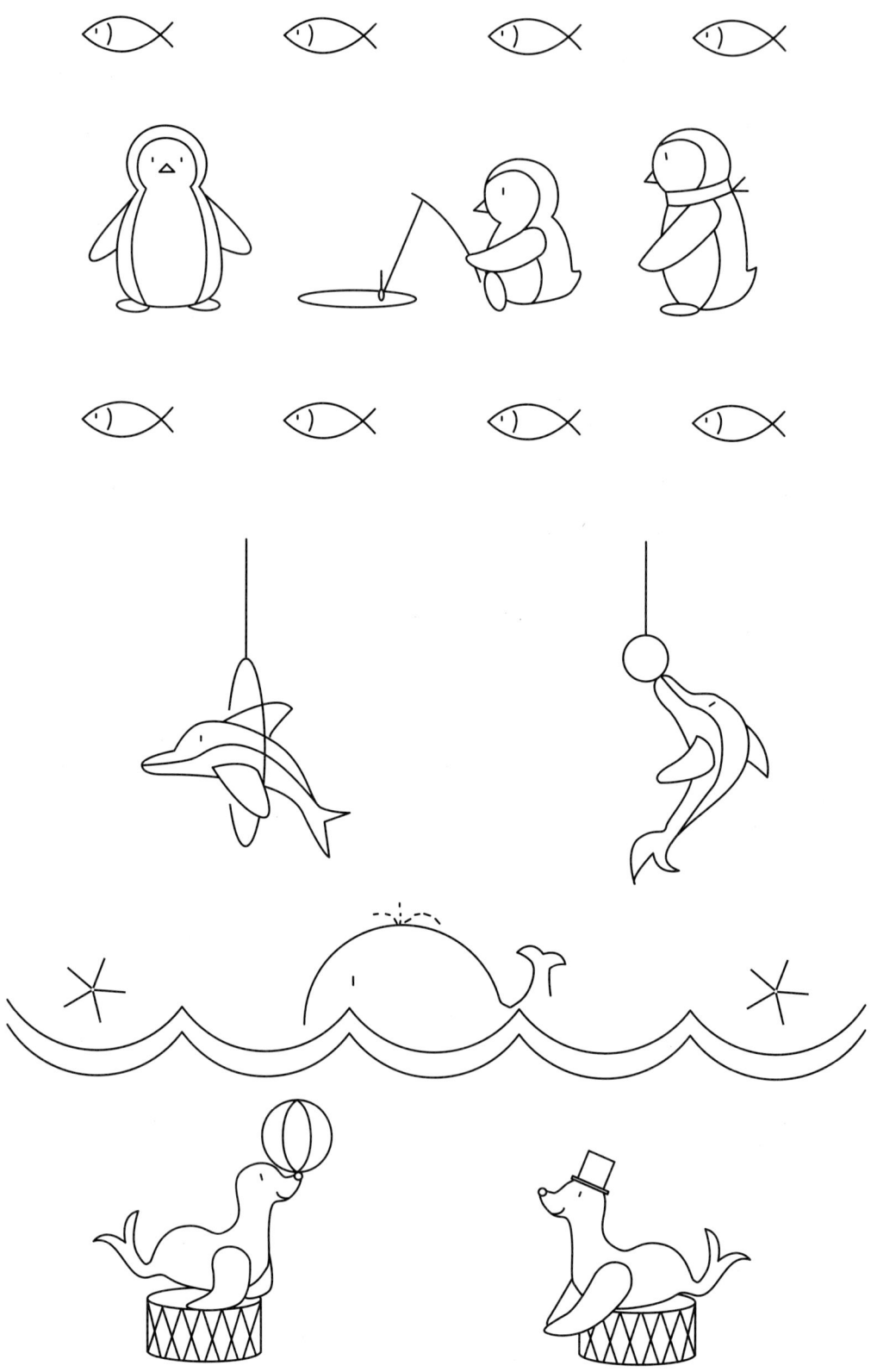

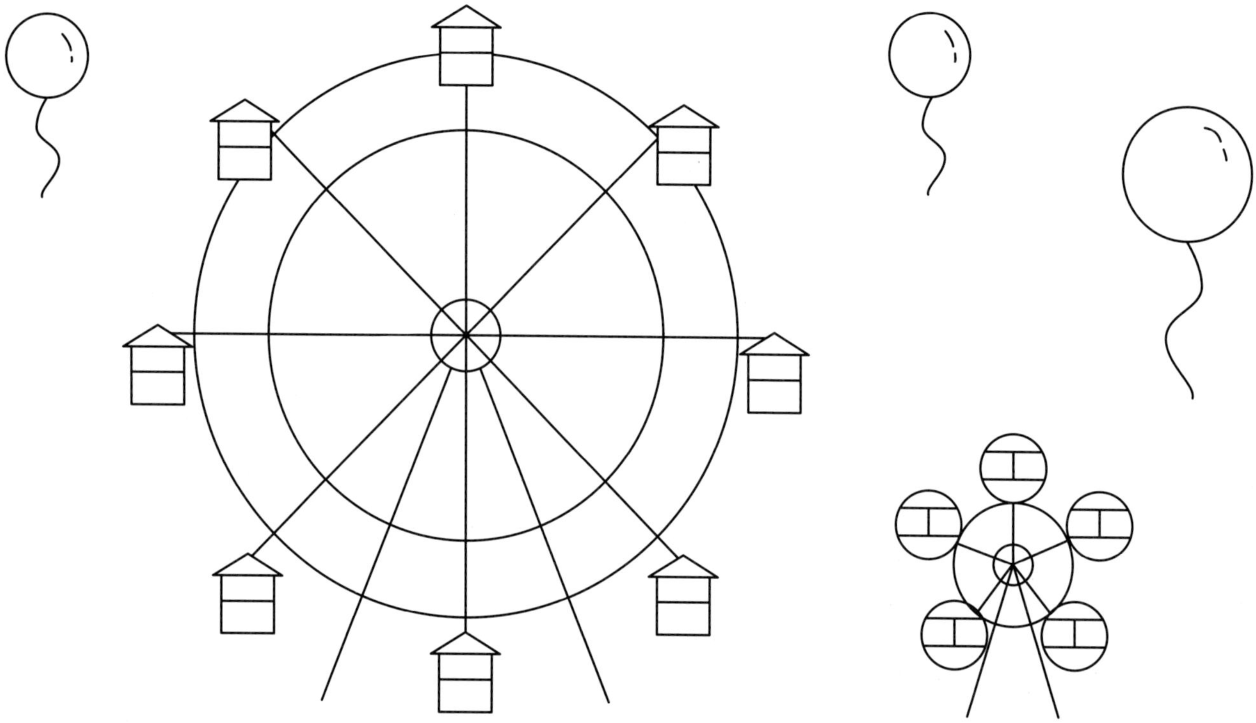